Inteligência
emocional

10 LEITURAS ESSENCIAIS
Harvard Business Review

Inteligência emocional

As melhores práticas para você desenvolver as habilidades centrais para seu sucesso no trabalho e em seus relacionamentos

Harvard Business Review Press

SEXTANTE

Título original: *HBR's 10 Must Reads: On Emotional Intelligence*

Copyright © 2015 por Harvard Business School Publishing Corporation.
Copyright da tradução © 2019 por GMT Editores Ltda.
Publicado mediante acordo com Harvard Business Review Press

Todos os direitos reservados. Nenhuma parte deste livro pode ser utilizada ou reproduzida sob quaisquer meios existentes sem autorização por escrito dos editores.

tradução
Paulo Geiger

preparo de originais
Rachel Agavino

revisão
Rebeca Bolite e Tereza da Rocha

adaptação de projeto gráfico e diagramação
DTPhoenix Editorial

capa
DuatDesign

impressão e acabamento
Pancrom Indústria Gráfica Ltda.

CIP-BRASIL. CATALOGAÇÃO NA PUBLICAÇÃO
SINDICATO NACIONAL DOS EDITORES DE LIVROS, RJ

I48

Inteligência emocional/ Daniel Goleman... [et al.]; [Harvard Business Review]; tradução de Paulo Geiger. Rio de Janeiro: Sextante, 2019.
176 p.: 16 x 23 cm.   (Coleção Harvard: 10 leituras essenciais)

Tradução de: HBR's 10 must reads: On emotional intelligence
ISBN 978-85-431-0718-9

1. Inteligência emocional. 2. Liderança - Aspectos psicológicos. 3. Emoções e cognição. I. Goleman, Daniel. II. Geiger, Paulo. III. Série.

19-54871

CDD: 152.4
CDU: 159.942

Todos os direitos reservados, no Brasil, por
GMT Editores Ltda.
Rua Voluntários da Pátria, 45 – Gr. 1.404 – Botafogo
22270-000 – Rio de Janeiro – RJ
Tel.: (21) 2538-4100 – Fax: (21) 2286-9244
E-mail: atendimento@sextante.com.br
www.sextante.com.br

Sumário

1. O que define um líder? 7
   Daniel Goleman

2. A liderança primordial: o propulsor oculto de um grande desempenho 27
   Daniel Goleman, Richard E. Boyatzis e Annie McKee

3. Por que é tão difícil ser justo 49
   Joel Brockner

4. Por que bons líderes tomam decisões ruins 65
   Andrew Campbell, Jo Whitehead e Sydney Finkelstein

5. Construindo a inteligência emocional de grupos 78
   Vanessa Urch Druskat e Steven B. Wolff

6. O preço da incivilidade: a falta de respeito prejudica o moral – e o resultado 101
   Christine Porath e Christine Pearson

7. O mecanismo da resiliência 114
   Diane L. Coutu

8. Agilidade emocional: como líderes eficientes administram seus pensamentos e sentimentos negativos 130
   Susan David e Christina Congleton

9. Medo de feedback 139
   Jay M. Jackman e Myra H. Strober

10. Quando jovens são promovidos cedo demais 154
    Kerry A. Bunker, Kathy E. Kram e Sharon Ting

Autores 172

1

O que define um líder?

Daniel Goleman

TODO PROFISSIONAL DO MUNDO CORPORATIVO conhece algum caso de um funcionário extremamente qualificado e inteligente que foi alçado a uma posição de liderança e acabou fracassando. Também conhece histórias de pessoas com sólidas (porém não extraordinárias) capacidades intelectuais e habilidades técnicas que foram promovidas a uma posição de liderança e construíram uma carreira brilhante.

Esses exemplos corroboram a conhecida crença de que identificar líderes em potencial é mais uma arte do que uma ciência. Afinal, o estilo pessoal de líderes de excelência varia muito: alguns são contidos e analíticos, enquanto outros proclamam suas ideias aos quatro ventos. Porém o mais importante é que situações diferentes exigem tipos diferentes de liderança. Para realizar fusões, muitas vezes é preciso que um negociador sensível esteja no comando, ao passo que uma empresa passando por muitas mudanças radicais precisa de uma autoridade mais enérgica.

Em minha experiência, porém, notei que os líderes mais eficazes geralmente têm um ponto crucial em comum: todos mostram elevado grau do que se tornou conhecido como *inteligência emocional*. Não é que o QI e a competência técnica não sejam relevantes; eles são, mas como "qualidades iniciais", ou seja, pré-requisitos no começo da carreira do executivo. Minha pesquisa, juntamente com outros estudos, prova que a inteligência emocional, por sua vez, é uma condição *sine qua non* de liderança. Sem ela, a pessoa pode ter a melhor formação do mundo, uma mente analítica e incisiva e um arcabouço infinito de ideias brilhantes, mas ainda assim não se tornará um grande líder.

Ao longo de um ano, meus colegas e eu estudamos o peso que a inteligência emocional pode ter no trabalho. Examinamos as relações entre inteligência emocional e desempenho, sobretudo de líderes, e observamos como a inteligência emocional é mostrada no dia a dia. Como você pode afirmar, por exemplo, que alguém tem inteligência emocional? Como reconhecê-la em si mesmo? Nas próximas páginas, exploraremos essas questões abordando isoladamente cada componente da inteligência emocional: autoconhecimento, autocontrole, motivação, empatia e destreza social.

Avaliando a inteligência emocional

Atualmente, muitas grandes empresas contratam psicólogos capazes de desenvolver o que é conhecido como modelos de gestão por competências para ajudá-las a identificar, treinar e promover prováveis líderes em potencial. Nos últimos anos, analisei modelos de competência de 188 empresas, a maioria grandes multinacionais como a Lucent Technologies, a British Airways e o Credit Suisse.

Meu objetivo foi determinar quais competências individuais são responsáveis pelo excelente desempenho do profissional dentro dessas organizações e em que medida. Agrupei as capacidades em três categorias: habilidades estritamente técnicas (como contabilidade e planejamento de negócios), habilidades cognitivas (como raciocínio analítico) e competências que revelam inteligência emocional (como capacidade de trabalhar em equipe e eficácia em liderar mudanças).

Para criar alguns modelos de gestão por competências, psicólogos pediram aos altos executivos que identificassem as capacidades típicas dos líderes mais proeminentes da organização. Para criar outros modelos, usaram

Em resumo

O que distingue o grande líder de um líder apenas bom? Segundo Daniel Goleman, não é seu QI nem são suas habilidades técnicas, mas sua **inteligência emocional**: o conjunto de cinco habilidades que permite aos melhores líderes maximizar o próprio desempenho e o de seus subordinados. Ele observou que, quando os altos executivos de uma empresa contavam com as habilidades de IE corretas, sua unidade superava a meta de receita anual em 20%.

As habilidades da IE são:

- *Autoconhecimento* – conhecer seus pontos fortes e fracos, suas motivações e seus valores, assim como o impacto causado por esses fatores.
- *Autocontrole* – controlar ou redirecionar impulsos e estados de ânimo problemáticos.
- *Motivação* – ter prazer na conquista profissional em si, sem segundas intenções.
- *Empatia* – entender a estrutura emocional de outras pessoas.
- *Destreza social* – construir relações com as pessoas para conduzi-las na direção desejada.

Cada um de nós nasce com certos níveis de habilidades de inteligência emocional, mas podemos fortalecê-las com persistência, treinamento e o feedback de colegas e coaches.

---

critérios objetivos – como lucratividade da divisão – a fim de diferenciar os líderes mais notáveis dos medianos. Os que se encaixavam no primeiro grupo foram, então, exaustivamente entrevistados e testados e tiveram as capacidades comparadas. Desse processo nasceram listas de atributos de líderes altamente eficientes, que continham de 7 a 15 itens, como iniciativa e visão estratégica.

Quando analisei os dados, cheguei a resultados surpreendentes. Não havia dúvida de que o intelecto era o motor do desempenho de alto nível. Habilidades cognitivas, como percepção do quadro geral e visão de longo

Na prática

Entendendo os componentes da inteligência emocional

Componentes da inteligência emocional	Definição	Características	Exemplos
Autoconhecimento	Conhecer seus sentimentos, seus pontos fortes e fracos, suas motivações e seus objetivos – e o impacto que tudo isso provoca nos outros.	• Autoconfiança • Capacidade de fazer uma autoavaliação realista • Senso de humor autodepreciativo • Sede de crítica construtiva	Um gestor sabe que não lida bem com prazos apertados, por isso administra o tempo para concluir a tarefa com antecedência.
Autocontrole	Controlar ou redirecionar impulsos e estados de espírito nocivos.	• Confiabilidade • Integridade • Tranquilidade diante da ambiguidade e das mudanças	Quando uma equipe faz uma apresentação desastrosa, seu líder resiste à vontade de esbravejar. Em vez disso, reflete sobre as possíveis razões do mau desempenho, explica para a equipe as consequências do fracasso e explora soluções em conjunto.
Motivação	Ser motivado por conquistas.	• Paixão pelo trabalho e por novos desafios • Disposição incansável para melhorar • Otimismo diante do fracasso	Um gestor de portfólio de uma grande empresa de investimentos vê seus fundos despencarem durante três trimestres seguidos. Grandes clientes abandonam o barco. Em vez de culpar circunstâncias externas, ele decide aprender com a experiência e planeja uma reviravolta.

Componentes da inteligência emocional	Definição	Características	Exemplos
Empatia	Levar em conta os sentimentos dos outros, sobretudo ao tomar decisões.	• Expertise em atrair e reter talentos • Capacidade de desenvolver profissionais • Sensibilidade para diferenças culturais	Uma consultora americana e sua equipe lançaram um projeto para um cliente em potencial no Japão. A equipe interpreta o silêncio do cliente como desaprovação e prepara-se para sair da sala. A consultora faz uma leitura da linguagem corporal do cliente e percebe seu interesse. Continua a reunião e sua equipe consegue o contrato.
Destreza social	Administrar relacionamentos para conduzir as pessoas na direção desejada.	• Eficácia em conduzir mudanças • Poder de persuasão • Extensa rede de contatos • Expertise em formar e liderar equipes	Um gestor deseja que sua empresa adote uma estratégia mais eficaz para a internet. Encontra pessoas que pensam como ele e forma uma equipe para criar o protótipo de um site. Convence seus aliados em outras unidades a financiar a participação da empresa numa convenção importante. Como resultado, a empresa cria uma divisão de internet e o coloca no comando.

Fortalecendo a inteligência emocional

Use a experiência e o feedback dos outros para fortalecer habilidades específicas de inteligência emocional.

Exemplo: Por meio do feedback de outros profissionais, uma executiva descobriu que lhe faltava empatia, sobretudo a capacidade de ouvir. Para resolver o problema, pediu a um coach que a avisasse quando demonstrasse incapacidade de ouvir. Em seguida, encenou incidentes para treinar formas de dar respostas mais eficientes – por exemplo, não interrompendo a pessoa que está falando. Além disso, começou a observar executivos considerados excelentes ouvintes e passou a imitar o comportamento deles.

prazo, se mostraram fundamentais. Mas quando calculei em que proporção as habilidades técnicas, o QI e a inteligência emocional respondiam pelo alto desempenho, a inteligência emocional provou ser duas vezes mais importante que os outros em todos os níveis hierárquicos.

Minha análise também mostrou que a inteligência emocional desempenha um papel preponderante nos cargos de nível mais alto, em que a importância das habilidades técnicas é mínima. Em outras palavras, quanto mais elevada a posição do profissional no ranking de desempenho, mais evidentes eram seus atributos de inteligência emocional que explicavam essa eficiência. Quando comparei profissionais brilhantes com medianos em cargos de alta liderança, praticamente 90% da diferença nos perfis foram atribuídos a fatores da inteligência emocional, não a habilidades técnicas.

Outros pesquisadores confirmaram que a inteligência emocional não só distingue líderes notáveis como pode ser associada a um bom desempenho.

Cinco componentes da inteligência emocional no trabalho

	Definição	Características
Autoconhecimento	• Capacidade de reconhecer e entender seu estado de espírito, suas emoções e iniciativas – e os efeitos nos outros	• Autoconfiança • Autoconhecimento realista • Senso de humor autodepreciativo
Autocontrole	• Capacidade de controlar ou redirecionar impulsos nocivos e seu estado de espírito • Propensão a evitar julgamentos precipitados, pensando antes de agir	• Confiabilidade e integridade • Tranquilidade diante da ambiguidade • Abertura para mudanças
Motivação	• Paixão pelo trabalho motivada por algo que transcende salário e status • Disposição para perseguir metas com energia e empenho	• Ímpeto para a realização • Otimismo diante do fracasso • Comprometimento organizacional
Empatia	• Capacidade de entender a estrutura emocional das outras pessoas • Habilidade de tratar os outros de acordo com suas reações emocionais	• Expertise em formar e reter talentos • Sensibilidade para diferenças culturais • Dedicação aos clientes
Destreza social	• Habilidade de administrar relações e construir redes de relacionamento • Capacidade de encontrar um denominador comum e estabelecer uma relação de confiança	• Eficácia em liderar mudanças • Poder de persuasão • Expertise em formar e liderar equipes

As descobertas do falecido David McClelland, renomado analista do comportamento humano e organizacional, são um bom exemplo. Num estudo realizado em 1996 com uma empresa global do setor de alimentos e bebidas, McClelland descobriu que, quando altos executivos apresentavam uma massa crítica de capacitação em inteligência emocional, suas unidades batiam a meta de ganhos anuais em 20%. O curioso é que as descobertas de McClelland valiam para unidades da empresa localizadas nos Estados Unidos, na Ásia e na Europa.

Resumindo, os números estão começando a contar uma história persuasiva que prova a relação entre o sucesso de uma companhia e a inteligência emocional de seus líderes. Outro resultado até mais importante é que, ao adotar a abordagem correta, as pessoas são capazes de desenvolver a inteligência emocional (veja o quadro É possível aprender a ter inteligência emocional?, na página seguinte).

Autoconhecimento

O autoconhecimento é o primeiro componente da inteligência emocional – o que faz sentido, se considerarmos que milênios atrás o oráculo de Delfos já sugeria: "Conhece-te a ti mesmo." Ter autoconhecimento significa demonstrar uma profunda compreensão de suas emoções, seus pontos fortes e fracos, suas necessidades e motivações. Pessoas com elevado nível de autoconhecimento não são nem críticas nem otimistas em excesso, mas honestas consigo mesmas e com os outros.

Pessoas com grau elevado de autoconhecimento sabem como seus sentimentos afetam a si mesmas, os outros e seu desempenho profissional. Sabem que, quando prazos apertados pioram sua performance, precisam organizar seu tempo cuidadosamente e concluir as tarefas bem antes do fim do prazo. Pessoas com grau elevado de autoconhecimento são capazes de trabalhar com clientes exigentes. Entendem o impacto do cliente em seu humor e as razões de sua frustração. Talvez expliquem: "As demandas do dia a dia nos impedem de realizar o trabalho que precisa ser feito." E são capazes de canalizar a raiva para transformá-la em algo construtivo.

Autoconhecimento implica conhecer seus valores e metas. Quem tem grau elevado de autoconhecimento sabe aonde vai e por quê. Por isso, é firme

É possível aprender a ter inteligência emocional?

Durante muitos anos, especialistas discutiram se líderes nascem líderes ou são treinados para isso. O mesmo ocorre com a inteligência emocional. As pessoas nascem com certos níveis de empatia ou ela se desenvolve a partir das experiências de vida? A resposta é: as duas coisas. Pesquisas científicas sugerem que há um componente genético na inteligência emocional. Estudos desenvolvimentistas e psicológicos indicam que a criação também tem papel importante. Talvez não seja possível quantificar a contribuição de cada componente, mas a pesquisa e a prática provam que a inteligência emocional pode ser aprendida.

Uma coisa é certa: a inteligência emocional aumenta com a idade. Existe uma palavra fora de moda para o fenômeno – maturidade. Mesmo maduras, porém, algumas pessoas ainda precisam treinar para desenvolver a inteligência emocional. Infelizmente, muitos programas que supostamente ensinam habilidades de liderança – como inteligência emocional – são um desperdício de tempo e dinheiro. O problema é simples: eles focam a parte errada do cérebro.

A inteligência emocional origina-se, acima de tudo, nos neurotransmissores do sistema límbico do cérebro, que comanda sentimentos, impulsos e potencialidades. Pesquisas mostram que o sistema límbico aprende melhor quando está motivado, passa por treinamento intensivo e recebe feedback. Esse tipo de aprendizagem se assemelha ao que ocorre no neocórtex, parte do cérebro que comanda as habilidades analíticas e técnicas. O neocórtex domina os conceitos e a lógica. É a parte do cérebro que aprende a usar o computador ou a praticar marketing agressivo lendo um livro. Não surpreende – mas deveria – que seja também a parte do cérebro visada pela maioria dos programas de treinamento que objetivam aprimorar a inteligência emocional. Minha pesquisa em parceria com o Consórcio para Pesquisa em Inteligência Emocional em Organizações mostrou que, quando esses programas procuram atuar no neocórtex, podem até impactar negativamente o desempenho do profissional.

Para aprimorar a inteligência emocional, as organizações precisam redirecionar o foco do treinamento para o sistema límbico. Precisam ajudar seus profissionais a abandonar antigos hábitos comportamentais e criar novos. Isso não só exige muito mais tempo que os programas de treinamento convencionais, mas também uma abordagem individualizada.

Imagine uma executiva que, segundo os colegas, tem pouca empatia. Parte desse déficit é atribuída à sua incapacidade de ouvir; ela interrompe as pessoas e não presta muita atenção ao que dizem. Para resolver o problema, a executiva precisa ser motivada a mudar e depois precisa praticar dar e receber feedback. Um colega ou o coach pode se encarregar de alertá-la sempre que ela não ouvir as pessoas. Quando isso acontecer, ela terá que repetir o incidente e dar uma resposta mais adequada, isto é, demonstrar capacidade de assimilar o que ouve. Além disso, pode ser orientada a observar executivos considerados bons ouvintes e imitar seu comportamento.

Com persistência e prática, esse processo pode gerar resultados permanentes. Conheço um executivo de Wall Street que procurou melhorar sua empatia – mais especificamente, a capacidade de interpretar as reações das pessoas e compreender o ponto de vista delas. Antes do início da pesquisa, seus subordinados tinham pavor dele. Chegavam a omitir más notícias. A dura realidade o surpreendeu. Quando chegou em casa e contou a situação à família, apenas recebeu a confirmação do que tinha ouvido no trabalho: quando havia divergência de opinião em casa, seus entes queridos também tinham medo de suas reações.

Com a ajuda de um coach e por meio de feedback e de uma mudança de atitude, o executivo começou a trabalhar para melhorar sua empatia. O primeiro passo foi tirar férias num país cujo idioma não entendesse. Durante a viagem, ele monitorou suas reações diante do desconhecido e sua abertura a pessoas diferentes. Quando voltou para casa, sentindo-se pequeno após a semana de férias, o executivo pediu ao coach que o seguisse como uma sombra durante partes do dia, várias vezes por semana, para observar e analisar seu modo de tratar pessoas com perspectivas novas ou diferentes. Ao mesmo tempo, utilizou conscientemente suas interações profissionais como oportunidades para aprender a "ouvir" ideias diferentes. No fim, pediu que sua participação em reuniões fosse gravada e solicitou que seus subordinados e colegas fizessem comentários críticos sobre sua capacidade de reconhecer e entender os sentimentos alheios. Após vários meses, a inteligência emocional do executivo finalmente evoluiu, e esse aperfeiçoamento se refletiu em seu desempenho profissional como um todo.

Vale salientar que a formação da inteligência emocional não ocorre nem pode ocorrer sem o consentimento e o esforço do interessado. Um seminário rápido não resolve o problema, tampouco a leitura de um manual. É muito mais difícil aprender a sentir empatia – ou seja, internalizá-la como uma resposta natural – do que, por exemplo, praticar análise de regressão. Mas é possível. "Nada importante jamais foi alcançado sem dedicação", escreveu Ralph Waldo Emerson. Se sua meta é se tornar um verdadeiro líder, esses conselhos podem servir como referência durante seus esforços para desenvolver uma inteligência emocional elevada.

ao recusar uma oferta de trabalho financeiramente tentadora mas que não está de acordo com seus princípios ou suas metas de longo prazo. Uma pessoa com baixo grau de autoconhecimento, por outro lado, pode tomar decisões que provocam um caos emocional. É comum ouvir pessoas assim dizerem: "O salário parecia bom, por isso aceitei a oferta de trabalho. Mas agora, dois anos depois, o trabalho significa tão pouco para mim que vivo entediado." As decisões de profissionais com grau elevado de autoconhecimento se entrelaçam com seus valores. Logo, para eles o trabalho é sempre estimulante.

Como identificar o autoconhecimento? Para começar, ele se apresenta como franqueza e capacidade de fazer autoavaliações realistas. Pessoas com elevado grau de autoconhecimento são capazes de expressar de maneira clara e aberta – embora não necessariamente em tom efusivo ou confessional – suas emoções e o impacto delas no desempenho profissional. Uma gestora que conheço, por exemplo, estava cética quanto a um novo cargo – *"personal shopper"* – que sua empresa, uma grande cadeia de lojas de departamentos, estava prestes a criar. Sem que sua opinião fosse solicitada pela equipe ou por seu chefe, ela comentou: "Para mim, é difícil estar por trás da proposta desse novo cargo porque eu realmente queria estar à frente do projeto, mas não fui selecionada. Sejam pacientes comigo enquanto lido com isso." A executiva de fato refletiu sobre seus sentimentos e uma semana depois já estava apoiando incondicionalmente o projeto.

O autoconhecimento em geral é avaliado no processo de contratação. Peça ao candidato que descreva uma ocasião em que se deixou levar pelos sentimentos ou fez algo de que se arrependeu. Candidatos com autoconhecimento serão francos ao admitir o erro e contarão a história com um sorriso no rosto. Uma das características do autoconhecimento é ter senso de humor autodepreciativo.

O autoconhecimento também pode ser identificado durante avaliações de desempenho. Profissionais com autoconhecimento elevado têm consciência de seus pontos fortes e suas limitações (e não se constrangem com isso) e valorizam críticas construtivas. Já as pessoas com baixo autoconhecimento interpretam a mensagem de que precisam melhorar como ameaça ou sinal de fracasso.

Outra característica de pessoas com elevado grau de autoconhecimento é a autoconfiança. Elas têm forte domínio de suas capacidades e são menos propensas a falhar, por exemplo, por fazerem algo além do que devem. Também sabem quando precisam pedir ajuda, assumem riscos calculados, não aceitam desafios que sabem não ser capazes de vencer e apostam em suas qualidades.

Veja o caso da funcionária de nível intermediário que foi convidada a participar de uma reunião estratégica com altos executivos da empresa. Embora fosse a pessoa menos qualificada da reunião, ela não ficou sentada à mesa com uma postura passiva, apenas ouvindo em silêncio, intimidada ou assustada. Ela estava consciente de seu raciocínio lógico, de que devia apresentar ideias de forma persuasiva e oferecer sugestões convincentes sobre estratégias. Seu autoconhecimento também a impedia de perambular por territórios que ela sabia não dominar.

Além de mostrar a importância de ter profissionais com autoconhecimento na empresa, minha pesquisa indica que altos executivos em geral não atribuem ao autoconhecimento o valor que ele merece ao procurarem líderes em potencial. Muitos confundem sinceridade com fraqueza e se equivocam ao não tratar com o devido respeito funcionários que reconhecem abertamente seus defeitos. Essas pessoas são demitidas por "não serem fortes o bastante" para se tornarem líderes.

Acontece, porém, que a verdade é o contrário. Acima de tudo, as pessoas geralmente admiram e respeitam a sinceridade. Além disso, líderes são frequentemente convocados a dar opiniões que requerem uma avaliação honesta de capacidades suas e dos outros. Temos a expertise de gestão para adquirir a empresa concorrente? Podemos lançar um novo produto em seis meses? Profissionais que se autoavaliam de forma honesta – isto é, que têm elevado nível de autoconhecimento – estão em condições de agir da mesma maneira nas organizações que comandam.

Autocontrole

Nossas emoções são estimuladas por impulsos biológicos. Não podemos ignorá-las, mas podemos administrá-las. O autocontrole, que nada mais é que uma conversa contínua que temos com nós mesmos, é o componente da inteligência emocional que evita que nos tornemos prisioneiros de nossos sentimentos. A pessoa que pratica essa reflexão interior está sujeita a ter mau humor e impulsos emotivos como qualquer outra, mas sempre encontra meios de se controlar e até de canalizar os sentimentos de forma mais proveitosa.

Imagine um executivo que acaba de assistir a uma péssima apresentação de seus subordinados para a diretoria da empresa. O clima constrangedor o deixa com vontade de esmurrar a mesa, chutar uma cadeira, se levantar de repente, gritar com o grupo ou permanecer em silêncio, lançar um olhar fulminante ao grupo e sair da sala.

Mas, se tivesse o dom do autocontrole, ele poderia optar por outra abordagem. Escolheria cuidadosamente as palavras e reconheceria o mau desempenho do grupo, mas sem se precipitar com um comentário impetuoso. Em seguida, analisaria os motivos do fracasso. Seriam eles pessoais? Falta de esforço? Existiriam fatores atenuantes? Qual seria sua parcela de culpa no fiasco? Após considerar todos esses fatores, ele deveria reunir o grupo, explicar as consequências do incidente e expor o que sente. Então faria uma análise do problema e apresentaria uma solução ponderada.

Por que o autocontrole é tão importante para os líderes? Antes de tudo, o profissional que está no controle de seus sentimentos e impulsos – ou seja, que é racional – é capaz de criar um ambiente de confiança e imparcialidade. Nesse ambiente, politicagem e conflitos internos são reduzidos e a produtividade cresce. Profissionais talentosos buscam essas organizações e não se sentem tentados a deixá-las. E o autocontrole tem um efeito indireto: sabendo que o chefe é conhecido por sua calma, ninguém quer ser visto como o colega irritado. Ter poucos mal-humorados no topo da empresa significa ter poucos mal-humorados em toda a organização.

Em segundo lugar, o autocontrole é importante por questões competitivas. Atualmente, o ambiente corporativo é dominado por ambiguidade e mudanças. Empresas estão sempre se fundindo e se dividindo. A tecnologia altera o trabalho num ritmo alucinante. As pessoas que conseguem dominar suas emoções são capazes de lidar com as mudanças. Quando os líderes de uma empresa anunciam que vão mudar o software usado nos computadores, elas não entram em pânico. Em vez disso, evitam fazer julgamentos precipitados, buscam informações e ouvem atentamente os executivos. E, à medida que a iniciativa avança, conseguem acompanhá-la e, às vezes, até apontar o caminho.

Imagine uma gestora em uma grande indústria. Assim como seus colegas, ela usou um software durante cinco anos. O programa controlava o sistema de coleta de dados, a produção de relatórios e o modo como ela pensava a estratégia da empresa. Certo dia, a diretoria anunciou que trocariam o software, o que poderia mudar radicalmente a coleta e a avaliação de informações. Diversos funcionários se queixaram de que a mudança poderia ser prejudicial, mas a gestora ponderou as razões para a escolha do novo programa e se convenceu de seu potencial para melhorar o desempenho da organização. Compareceu, entusiasmada, ao treinamento (alguns de seus colegas se recusaram a ir) e acabou sendo promovida para chefiar várias divisões, em parte porque aprendeu a usar a nova tecnologia com eficácia.

Quero reforçar a importância do autocontrole na liderança e argumentar que ele também aumenta a integridade, que não é apenas uma virtude pessoal, mas uma força organizacional. Muitos problemas nas empresas são consequência de comportamentos impulsivos. As pessoas raramente planejam exagerar na projeção de lucros, aumentar as despesas, roubar a empresa ou cometer abuso de poder, mas, quando surge uma oportunidade, não controlam o impulso.

Por outro lado, pense no comportamento de um alto executivo de uma grande empresa alimentícia. Ele é honesto no trato com os distribuidores locais e costuma expor em detalhes sua estrutura de custos, permitindo que os distribuidores tenham uma compreensão realista dos preços praticados pela empresa. Por adotar essa abordagem, o executivo nem sempre conseguia obter um bom negócio. Certa vez, ele se sentiu tentado a aumentar os lucros da empresa alterando uma informação sobre os custos. No entanto, acabou refreando o impulso, pois percebeu que a longo prazo fazia mais sentido agir corretamente. Seu autocontrole emocional foi recompensado com relacionamentos fortes e duradouros com distribuidores que trouxeram mais benefícios à empresa que quaisquer outros ganhos financeiros de curto prazo.

É fácil perceber os sinais de autocontrole emocional: tendência à reflexão e à ponderação, tranquilidade diante da ambiguidade e das mudanças e integridade – capacidade de dizer não a impulsos.

Assim como o autoconhecimento, o autocontrole não costuma receber os louros devidos. Às vezes, os profissionais que conseguem controlar as emoções são considerados moscas-mortas – suas respostas ponderadas são vistas como sinal de falta de entusiasmo. Profissionais impetuosos geralmente são considerados líderes clássicos – seus rompantes são vistos como marca registrada de carisma e poder. Mas, quando essas pessoas chegam ao topo, essa impulsividade trabalha contra elas. Minha pesquisa indica que exibir emoções negativas de forma ostensiva nunca foi considerado pré-requisito para ser um bom líder.

Motivação

Uma característica comum a praticamente todos os verdadeiros líderes é a motivação. Eles são orientados a superar as expectativas – próprias ou alheias. São movidos por conquistas. Muitos são estimulados por fatores externos – como um bom salário ou cargo – ou por trabalhar em uma empresa de prestígio. Por outro lado, pessoas com potencial de liderança são motivadas pelo desejo de realização, o simples prazer da conquista.

Se você está procurando líderes, como identificar profissionais motivados pelo simples desejo de conquistar, e não por recompensas externas? O primeiro sinal é a paixão pelo trabalho: eles buscam desafios criativos, adoram aprender e se orgulham de um trabalho bem-feito. Também mostram uma disposição incansável para executar tarefas cada vez melhor. Pessoas assim costumam parecer descontentes com o status quo. Estão sempre questionando por que as coisas são feitas de determinada forma, e não de outra, e buscam explorar novas abordagens para seu trabalho.

Um gerente de uma companhia de cosméticos, por exemplo, estava frustrado por ter que esperar duas semanas para obter os resultados das vendas de sua equipe externa. Ele então descobriu um sistema de telefonia automático que lhe permitia enviar mensagens aos vendedores todos os dias às 17 horas, lembrando-os de introduzir seus dados – quantos clientes tinham visitado e quantas vendas haviam concluído no dia. O sistema reduziu de semanas para horas o tempo de feedback do resultado das vendas.

Esse caso ilustra duas outras características comuns a pessoas cuja meta é a conquista. Elas estão sempre buscando melhorar seu desempenho e gostam de saber como estão se saindo. Durante avaliações de desempenho, podem querer que os superiores "exijam" mais delas. Um profissional que combina autoconhecimento com motivação conhece seus limites, mas não se contenta com metas fáceis.

É natural que pessoas que buscam se superar também queiram saber uma forma de avaliar o progresso – o próprio, o de sua equipe e o da empresa. Enquanto pessoas desmotivadas geralmente não ligam para os resultados, os motivados sabem como estão indo e monitoram parâmetros difíceis de medir, como lucratividade ou participação no mercado. Conheço um gerente financeiro que começa e termina o dia na internet, conferindo o desempenho de seu fundo de ações em quatro referências estabelecidas pelo setor.

O curioso é que pessoas motivadas continuam otimistas quando não vão bem. Nelas, o autocontrole se associa à motivação para superar a frustração e a tristeza decorrentes de um revés ou fracasso. Veja o caso de uma gestora de portfólio de uma grande firma de investimentos. Após vários anos de sucesso, os fundos despencaram por três trimestres consecutivos, o que levou três grandes clientes a transferirem as contas para outra empresa.

Alguns atribuíram a queda súbita a circunstâncias alheias. Outros entenderam o revés como evidência de fracasso profissional. No entanto, a gestora viu uma oportunidade de provar que poderia liderar uma reviravolta. Dois anos depois, quando foi promovida a um cargo sênior, ela descreveu a experiência: "Foi a melhor coisa que já me aconteceu. Aprendi muito com aquele episódio."

Executivos que tentam identificar altos níveis de motivação em seus subordinados podem buscar uma última evidência: comprometimento com a organização. Quando as pessoas amam o trabalho que fazem, geralmente se sentem comprometidas com a organização que possibilita isso. Funcionários comprometidos quase sempre permanecem na empresa, mesmo quando recebem propostas com salários mais altos.

Não é difícil entender como e por que a motivação por conquistas se traduz em uma liderança forte. Se você estabelece padrões altos para si, provavelmente fará o mesmo para a organização quando ocupar um cargo que lhe permita isso. O desejo de bater metas e saber como está se saindo pode ser contagiante. Líderes com essas características em geral montam uma equipe de gestores com esses traços. E, claro, otimismo e comprometimento são fundamentais para a liderança – tente se imaginar comandando uma empresa sem essas qualidades.

Empatia

De todas as dimensões da inteligência emocional, a empatia é a mais fácil de reconhecer. Todos notamos a empatia de um amigo ou professor bem-humorado e já sofremos com a falta de empatia de um coach ou chefe insensível. Mas, no mundo dos negócios, raramente ouvimos as pessoas elogiarem a empatia. Recompensá-la, nem pensar. A própria palavra parece desvinculada dessa área, deslocada entre as duras realidades do mercado.

Mas ter empatia não significa ser sentimentalista. Para um líder, não quer dizer levar em conta as emoções alheias e tentar agradar a todos. Isso seria um pesadelo e inviabilizaria qualquer ação. Empatia significa estar atento aos sentimentos dos funcionários – e a outros fatores – no processo de tomada de decisões inteligente.

Pense no que pode acontecer durante a fusão de duas grandes corretoras de valores. O processo gera empregos redundantes em todas as unidades. Um chefe de unidade então reúne a equipe e faz um discurso sombrio enfatizando o número de funcionários que em breve serão dispensados. O chefe de outra, no entanto, faz um discurso diferente. É franco ao falar sobre as próprias preocupação e perplexidade, mas promete manter os subordinados informados e tratá-los imparcialmente.

O que diferencia o comportamento desses executivos é a empatia. O primeiro está preocupado demais com o próprio destino para pensar nos sentimentos dos colegas abatidos e ansiosos, enquanto o segundo sabe intuitivamente o que seu pessoal está sentindo, e suas palavras evidenciam o medo da equipe. Não foi nenhuma surpresa quando o primeiro executivo viu sua unidade afundar à medida que vários funcionários desanimados, principalmente os mais talentosos, saíam da empresa. O segundo, ao contrário, se manteve como um líder forte, as pessoas mais talentosas ficaram e sua unidade permaneceu produtiva.

Atualmente a empatia é um componente fundamental da liderança por pelo menos três motivos: a tendência crescente do trabalho em equipe, a globalização cada vez mais presente e a necessidade cada vez maior de reter talentos.

Pense no desafio que é liderar uma equipe. Qualquer profissional que já tenha feito parte de uma pode comprovar que equipes são caldeirões de emoções em ebulição. Geralmente elas recebem a incumbência de chegar a um consenso – e, se isso já é bem difícil entre duas pessoas, que dirá quando o número aumenta. Mesmo em grupos com apenas quatro ou cinco membros, alianças se formam e surgem conflitos de interesses. Um líder de equipe precisa ser capaz de sentir e compreender todos os pontos de vista.

Foi exatamente isso que fez a gerente de marketing de uma grande empresa de TI ao ser indicada para liderar uma equipe complicada. O grupo estava desorganizado, sobrecarregado e perdendo prazos. Havia muita tensão entre os integrantes e medidas paliativas não bastaram para manter o grupo unido e torná-lo parte efetiva da companhia.

Então a gestora decidiu agir por etapas. Marcou uma série de conversas com cada funcionário separadamente e perguntou o que os frustrava, como avaliavam os colegas, quando achavam que tinham sido ignorados. Em seguida, estabeleceu uma estratégia para manter a equipe unida: encorajou os subordinados a expor suas frustrações e os ajudou a apresentar suas reivindicações de forma construtiva durante as reuniões. Em resumo, a empatia lhe permitiu entender a estrutura emocional da equipe. O resultado foi não só o aumento da colaboração em equipe, mas do escopo, tendo em vista que cada vez mais outros setores passaram a solicitar sua ajuda.

A globalização é outro componente que torna a empatia cada vez mais importante para os líderes. Num diálogo entre pessoas de culturas diferentes podem surgir equívocos e mal-entendidos. A empatia é o antídoto para isso. Pessoas empáticas estão atentas às sutilezas da linguagem corporal, conseguem ouvir a mensagem por trás das palavras e têm consciência das diferenças étnicas e culturais.

Veja o caso de uma consultora americana cuja equipe apresentou um projeto para um cliente em potencial do Japão. Nas negociações com outras empresas americanas, a equipe estava acostumada a ser bombardeada com perguntas, mas dessa vez a reação foi um longo silêncio. Pensando que o silêncio era sinal de desaprovação, alguns membros da equipe estavam prontos para pegar a pasta e sair da sala; foi quando a consultora líder fez um gesto pedindo que permanecessem. Embora não estivesse familiarizada com a cultura japonesa, ela fez uma leitura do rosto e da postura do cliente e sentiu que não havia rejeição, mas interesse – até profunda aceitação. E ela estava certa: quando o cliente finalmente falou, confirmou que o projeto estava aprovado.

Por fim, a empatia desempenha um papel importante na retenção de talentos, sobretudo na economia da informação. Os chefes sempre precisaram ter empatia para desenvolver e manter pessoas talentosas na empresa, mas atualmente há muito mais em jogo: quando profissionais de talento pedem demissão, levam consigo o conhecimento da empresa.

É aí que entram o coaching e a mentoria. Têm surgido cada vez mais provas de que essas duas ferramentas se traduzem não só em melhor desempenho, mas em satisfação cada vez maior com o trabalho e em diminuição da rotatividade de funcionários. Mas o que faz o coaching e a mentoria funcionarem melhor é a natureza do relacionamento. Os coaches e mentores competentes penetram a mente do profissional com quem trabalham, pressentem qual é a melhor forma de oferecer um feedback eficaz e sabem até que ponto podem pressionar para obter um melhor desempenho. Na forma de motivar seus protegidos, dão um exemplo prático de empatia.

Posso estar me repetindo, mas reafirmo que a empatia deveria ser mais valorizada no mundo dos negócios. As pessoas se perguntam como os líderes são capazes de tomar decisões difíceis se sentindo mal pelas pessoas que serão afetadas. Mas os líderes que têm empatia fazem mais que se solidarizar com seu pessoal: eles usam o conhecimento que têm para melhorar a empresa de maneiras sutis porém significativas.

Destreza social

Os três primeiros componentes da inteligência emocional são habilidades de autogestão. Os dois últimos – a empatia e a destreza social – estão ligados à capacidade de administrar relacionamentos interpessoais. Como componente da inteligência emocional, ter destreza social não é tão fácil quanto parece. Não é uma simples questão de cordialidade, embora pessoas com alto nível de destreza social raramente sejam mal-intencionadas. Na verdade, a destreza social é a cordialidade com um propósito: fazer as pessoas seguirem na direção que você deseja, seja um acordo numa nova estratégia de marketing, seja o entusiasmo por um novo produto.

Quem possui destreza social costuma ter um grande círculo de relacionamentos e um jeito especial de chegar a um consenso com pessoas de todos os tipos – aptidão para costurar acordos. Isso não significa que socialize a todo momento, apenas que trabalha segundo o pressuposto de que não conseguirá concretizar nada de importante sozinho. Quando precisa agir, então, conta com uma rede à sua disposição.

A destreza social é a culminação de outras dimensões da inteligência emocional. Em geral, as pessoas administram melhor os relacionamentos quando compreendem e controlam as próprias emoções e sentem empatia pelos outros. Até a motivação contribui para a destreza social: lembre-se de que pessoas orientadas para a conquista geralmente são otimistas, mesmo diante de fracassos. Quando estão felizes, animam as conversas e os encontros sociais. São populares, e por um bom motivo.

Por ser o resultado de outras dimensões da inteligência emocional, a destreza social se manifesta de diversas formas no ambiente de trabalho. Profissionais com grande destreza social são, por exemplo, competentes em administrar equipes – a empatia na prática. Também são mestres na arte da persuasão – uma manifestação de autoconhecimento, autocontrole e empatia. Com essas habilidades, pessoas persuasivas sabem, por exemplo, quando é melhor apelar para o emocional ou apelar para a razão. E pessoas motivadas são excelentes colaboradoras, pois objetivam encontrar soluções e contagiam os colegas com sua paixão.

A destreza social fica evidente em situações em que outros componentes da inteligência emocional não aparecem. Às vezes, temos a impressão de que os profissionais com essa habilidade não estão trabalhando, apenas batendo papo – conversando com colegas nos corredores ou brincando com gente que não está relacionada a seu "verdadeiro" trabalho. Para eles, não faz sentido limitar arbitrariamente o âmbito de seus relacionamentos. Eles formam vínculos com pessoas de diversas áreas, pois sabem que amanhã poderão precisar da ajuda delas.

Veja o caso do chefe do departamento de estratégia de uma fabricante global de computadores. Por volta de 1993, ele se convenceu de que o futuro da empresa dependia da internet. Ao longo do ano seguinte, conheceu na empresa pessoas que pensavam da mesma forma e usou sua destreza social para formar uma comunidade virtual que transcendesse níveis hierárquicos, unidades e nações. Depois, com o auxílio do grupo, criou o site da corporação, um dos primeiros de uma grande empresa. E, por iniciativa própria, sem orçamento nem o status formal de um cargo, inscreveu a empresa em uma convenção empresarial anual sobre a internet. Por fim, convocando seus aliados e persuadindo várias divisões a doar fundos, recrutou mais de 50 pessoas em cerca de 10 unidades para representar a empresa na convenção.

A diretoria percebeu seu esforço e, um ano depois da convenção, formou a base da primeira divisão de internet da empresa, dando a ele o comando formal do setor. Para chegar aonde chegou, o executivo ignorou os limites convencionais de seu setor, forjando e mantendo conexões com pessoas de todos os cantos da organização.

A maioria das empresas considera a destreza social uma competência importante, sobretudo se comparada a outros componentes da inteligência emocional. As pessoas parecem saber por intuição que os líderes precisam administrar bem os relacionamentos profissionais. Nenhum líder é uma ilha – afinal, seu papel é possibilitar que o trabalho seja feito pelos subordinados, e a sensibilidade social permite isso. Um líder incapaz de expressar empatia pode simplesmente não ter empatia. E a motivação de um líder é inútil se ele não consegue transmitir sua paixão para a organização. A destreza social permite que líderes ponham a inteligência emocional em funcionamento.

Seria tolice afirmar que o bom e velho QI e as habilidades técnicas não são importantes para uma liderança forte, mas a receita não estaria completa sem a inteligência emocional. No passado, acreditava-se que "seria bom" que os gestores possuíssem componentes da inteligência emocional, mas hoje sabemos que, para se saírem bem, eles *precisam* desses componentes.

Com tudo isso em vista, saber que é possível aprender e desenvolver a inteligência emocional é uma ótima notícia. Claro que o processo não é fácil – leva tempo e, acima de tudo, exige comprometimento –, mas os benefícios de ter uma inteligência emocional bem desenvolvida, tanto para o próprio líder quanto para a organização, fazem o esforço valer a pena.

Publicado originalmente em junho de 1996.

2

A liderança primordial

O propulsor oculto de um grande desempenho
Daniel Goleman, Richard E. Boyatzis e Annie McKee

QUANDO A TEORIA SOBRE INTELIGÊNCIA EMOCIONAL no trabalho passou a receber atenção ampla, com frequência ouvíamos executivos dizerem – no mesmo fôlego – "É incrível" e "Claro, eu sempre soube disso". Era como reagiam à pesquisa que demonstrava a indiscutível ligação entre a maturidade emocional de um executivo, exemplificada por habilidades como autoconhecimento e empatia, e o resultado financeiro que ele obtém. De maneira simples, a pesquisa mostrava que "gente boa" – isto é, homens e mulheres com inteligência emocional – chega em primeiro lugar.

Recentemente compilamos dois anos de novas pesquisas que, suspeitamos, causarão o mesmo tipo de reação. A primeira coisa que dirão é "De jeito nenhum" e logo acrescentarão "Mas é claro". Descobrimos que, entre todos os elementos que afetam o desempenho do resultado financeiro, o humor e o comportamento do líder são os mais surpreendentes. Esse poderoso par dá início a uma reação em cadeia: ambos direcionam o humor e o comportamento de todos que o cercam. Um chefe mal-humorado e rude cria uma organização tóxica, cheia de pessoas negativas e recalcadas, que ignoram oportunidades. Um líder inspirador e inclusivo gera seguidores para os quais qualquer obstáculo é transponível. O elo final da cadeia é o desempenho: lucro ou prejuízo.

Nossa observação sobre o impressionante impacto do "estilo emocional" do líder não é um completo desvio de nossa pesquisa. No entanto, representa uma análise mais profunda acerca da afirmação anterior de que a inteligência emocional de um líder cria uma cultura ou um ambiente de trabalho específicos. A pesquisa mostrou que altos níveis de inteligência emocional criam climas nos quais a troca de informação, a confiança, a tomada saudável de riscos e o aprendizado florescem. Níveis baixos criam climas cheios de medo e ansiedade. Funcionários tensos ou aterrorizados podem ser bastante produtivos a curto prazo e garantir bons resultados para as organizações, mas estes nunca duram.

Nossa investigação foi projetada em parte para analisar como a inteligência emocional determina o desempenho – em particular, como ela viaja, a partir do líder, por toda a organização até os resultados financeiros. "De qual mecanismo", perguntamos, "se compõem os elos da cadeia?". A fim de responder a essa questão, olhamos para as pesquisas neurológicas e psicológicas mais recentes. Também nos inspiramos no nosso trabalho com líderes empresariais, em observações feitas por colegas sobre centenas de líderes e em dados do Hay Group sobre o estilo de liderança de milhares de executivos. Desse arcabouço de pesquisas, descobrimos que a inteligência emocional é transmitida para o interior de uma organização assim como a eletricidade corre por meio da fiação. Para sermos mais específicos, o humor do líder é, literalmente, contagiante, e espalha-se de forma rápida e inexorável pelo negócio.

Adiante discutiremos com mais profundidade a ciência do contágio de humor, mas antes vamos nos voltar para as principais implicações de nossa descoberta. Se a disposição do líder e os comportamentos decorrentes são de fato poderosos condutores do sucesso empresarial, então sua tarefa principal – diríamos até sua tarefa primordial – é a liderança emocional. Um líder precisa garantir a manutenção de um padrão otimista, autêntico e cheio de energia não apenas para si, mas também para motivar seus seguidores a imitar seu exemplo em ações deliberadas. A

> ### Em resumo
>
> Qual é o fator que exerce maior influência sobre o desempenho de uma empresa? A resposta vai surpreendê-lo – e faz todo o sentido: é o humor do líder.
>
> A inteligência emocional dos executivos – autoconhecimento, empatia, conexão com os outros – tem ligações claras com a própria performance. Mas novas pesquisas mostram que o estilo emocional do líder também influencia o humor e o comportamento do resto da empresa – por meio de um processo neurológico chamado **contágio de humor**. Algo parecido com o ditado: "Sorria e o mundo sorrirá para você."
>
> A inteligência emocional percorre a organização como a eletricidade corre pelos fios. Chefes deprimidos e rudes criam organizações tóxicas, cheias de elementos subaproveitados e esbanjando negatividade. Mas se você é um líder otimista e inspirador, acabará cultivando funcionários positivos que abraçam e superam até os desafios mais difíceis.
>
> A liderança emocional não consiste apenas em colocar uma máscara de alegria todos os dias. Ela implica entender o impacto que você exerce sobre os outros – e ajustar seu estilo levando isso em consideração. É um processo difícil de autodescoberta – mas essencial *antes* que se possa enfrentar as responsabilidades da liderança.

gestão para obter resultados financeiros, então, começa com o líder cuidando de sua vida para que ocorra a correta reação em cadeia de emoções e comportamentos.

É claro que administrar a vida interior não é fácil. Para muitos, trata-se do desafio mais difícil. E pode ser igualmente difícil aferir como a emoção de uma pessoa afeta as outras. Por exemplo, conhecemos um CEO que tinha certeza de que todos o viam como alguém positivo e confiável; seus subordinados diretos nos contaram que consideravam sua alegria forçada, até mesmo falsa, e suas decisões, erráticas. (Denominamos essa desconexão comum de "doença do CEO".) A implicação é que a liderança primordial requer mais do que vestir uma carapuça de alegria todos os dias. Exige que o executivo determine, por meio de análise e reflexão, como sua liderança emocional orienta a disposição e as ações da empresa e a partir daí, com igual disciplina, ajuste seu comportamento.

Isso não quer dizer que líderes não podem passar por um dia ou uma semana ruins: a vida não para. E nossa pesquisa não sugere que o bom humor precisa ser de alta frequência ou ininterrupto – basta ser otimista, sincero e realista. Mas não há como escapar da conclusão, antes de passar ao amplo conjunto de suas outras responsabilidades críticas, que em primeiro lugar o líder precisa prestar atenção no impacto provocado por sua disposição e seu comportamento. Neste artigo, introduzimos um processo que pode ser empregado para analisar como as outras pessoas vivenciam sua liderança. Abordamos modos de calibrar esse impacto. Primeiro, vejamos por que o estado de espírito não costuma ser discutido no ambiente de trabalho, como o cérebro funciona para tornar a disposição contagiante e o que precisamos saber acerca da "doença do CEO".

De jeito nenhum! Mas é claro!

Quando dissemos que é provável que as pessoas reajam à nossa descoberta dizendo "De jeito nenhum", não estávamos brincando. O fato é que o impacto emocional do líder quase nunca é discutido no ambiente de trabalho, muito menos na literatura sobre liderança e desempenho. Para a maioria das pessoas, o "estado de espírito" parece ser um assunto muito pessoal. Ainda que os americanos possam ser escandalosamente francos ao tratar de questões íntimas – veja o que acontece em programas de entrevistas –, também somos dos mais limitados pela legislação. Não é possível sequer perguntar a idade de um candidato a emprego. Assim, uma conversa sobre o estado de espírito de um executivo ou a disposição que ele cria em seus funcionários pode ser interpretada como invasão de privacidade.

Também é possível que se evite falar sobre o estilo emocional de um líder e o impacto que causa porque, francamente, o assunto parece delicado. Quando foi a última vez que você levou em conta o estado de espírito de uma subordinada como parte de uma avaliação de desempenho? Pode ser que você tenha feito alguma alusão: "Seu trabalho é prejudicado por uma

Na prática

Como fortalecer sua liderança emocional

Uma vez que poucas pessoas têm a coragem de dizer a verdade sobre o impacto emocional provocado por você, é preciso descobrir por conta própria. O seguinte processo pode ajudar. Ele se baseia na neurociência, bem como em anos de pesquisa de campo com executivos. Use esses passos para reconfigurar seu cérebro e para trabalhar com mais inteligência emocional.

1. Quem você quer ser?

Imagine-se como um líder altamente eficaz. O que você vê?

Exemplo: Sofia, gerente sênior, costumava microgerenciar os outros para garantir que o trabalho fosse feito de forma "correta". Então ela se *imaginou* no futuro como líder eficaz da própria empresa, desfrutando de relacionamentos cheios de confiança com os colegas. Ela se viu relaxada, feliz e poderosa. O exercício revelou lacunas no estilo emocional que adotava.

2. Quem é você atualmente?

A fim de enxergar seu estilo de liderança do mesmo modo que os outros, colha feedback de 360 graus, especialmente de pares e subordinados. Identifique suas fraquezas e seus pontos fortes.

3. Como você vai daqui para lá?

Faça um plano para preencher a lacuna entre quem você é e quem quer ser.

Exemplo: Juan, executivo de marketing, era ranzinza, intimidador e difícil de agradar. Encarregado do crescimento da empresa, *precisava* ser otimista e encorajador – um conselheiro com visão. Determinado a entender os outros, ele se tornou treinador de futebol, voluntário em um centro de crises e passou a conhecer seus subordinados,

> encontrando-os fora do trabalho. Essas novas situações o estimularam a romper com velhos hábitos e a tentar novas respostas.
>
> **4. Como fazer com que as mudanças permaneçam?**
> Ensaie novos comportamentos repetidas vezes – física e mentalmente – até que se tornem automáticos.
>
> *Exemplo:* Tom, um executivo, queria aprender como aconselhar em vez de punir. Usou o tempo do deslocamento até o trabalho para visualizar uma reunião difícil com um funcionário e se viu fazendo perguntas e ouvindo. Ensaiou mentalmente como lidaria com a própria impaciência. O exercício o preparou para adotar novos comportamentos no encontro real.
>
> **5. Quem pode ajudar?**
> Não tente trabalhar suas capacidades emocionais sozinho – identifique aqueles que podem ajudá-lo a navegar por esse difícil processo. Gerentes da Unilever formaram grupos de aprendizado que os ajudaram a fortalecer suas capacidades ao trocar entre si feedback franco e ao desenvolver uma sólida confiança mútua.

perspectiva frequentemente negativa", ou "Seu entusiasmo é excelente" –, mas é pouco provável que tenha mencionado o humor, muito menos discutido seu impacto nos resultados da organização.

No entanto, nossa pesquisa, sem dúvida, também vai suscitar uma reação do tipo "Mas é claro". Todo mundo sabe do peso do estado emocional do líder no desempenho, porque qualquer um já teve, uma vez ou outra, a experiência inspiradora de trabalhar para um gestor otimista e a experiência acachapante de estar subordinado a um chefe amargo. O primeiro fez tudo parecer possível, e, como resultado, objetivos extensos eram alcançados, concorrentes, esmagados, e novos clientes, conquistados. O segundo tornou o trabalho extenuante. No rastro do mau humor do chefe, outras áreas da organização se tornaram "o inimigo", colegas passaram a suspeitar uns dos outros e os clientes sumiram.

Chefes malvados que vencem

Todo mundo conhece um CEO rude e repressor que, aparentemente, é a antítese da inteligência emocional e, no entanto, colhe ótimos resultados nos negócios. Se o humor de um líder tem tanta importância, como podemos explicar o sucesso daqueles chefes horríveis?

Primeiro, examinemos melhor a situação. Um executivo pode ocupar um cargo mais visível sem que ele de fato seja a liderança da empresa. Um CEO que lidera um conglomerado pode não falar diretamente com a equipe; são os chefes de divisão que efetivamente lideram os funcionários e influenciam os resultados.

Em segundo lugar, às vezes esse líder tem pontos fortes que contrabalançam seu comportamento cáustico, mas eles não chamam tanto a atenção da imprensa especializada. No começo de sua carreira na GE, Jack Welch liderava com mão de ferro enquanto a empresa passava por uma reviravolta radical. Naquela época e naquela situação, o estilo firme de Welch, de impor decisões de cima para baixo, era adequado. O que não foi tão noticiado foi como Welch adotou posteriormente um estilo de liderança mais inteligente em termos emocionais, em especial quando articulou uma nova visão para a empresa e mobilizou as pessoas a segui-la.

Deixando essas advertências de lado, voltemos para os desagradáveis líderes corporativos que parecem ter chegado a resultados sólidos apesar da liderança brutal. Os céticos citam Bill Gates, por exemplo, como um líder que se safa com um estilo áspero que em teoria deveria ser prejudicial à empresa.

Mas nosso modelo de liderança, que mostra a eficácia de estilos específicos em situações específicas, lança uma luz diferente sobre o comportamento supostamente negativo de Gates. (Nosso modelo é explicado em detalhe no artigo "Liderança de resultados", publicado na edição de março-abril de 2000 da *Harvard Business Review*.) Gates é o líder orientado para resultados por excelência, em uma organização que escolheu a dedo pessoas talentosas e motivadas. Seu estilo de liderança aparentemente áspero – desafiando os funcionários a superarem desempenhos anteriores – pode ser bastante eficaz quando esses indivíduos são competentes, motivados e precisam de pouca orientação – características comuns nos engenheiros da Microsoft.

Em resumo, é bastante fácil para um cético argumentar contra a importância de líderes que administram o próprio humor ao citar um chefe rude e duro que chegou a resultados de negócios bons apesar de seu mau comportamento. Argumentamos, é claro, que existem exceções à regra e que, em alguns casos específicos, um chefe desagradável se dá bem. Mas, em geral, líderes rudes precisam mudar, ou seu humor e suas atitudes acabarão levando-os a se dar mal.

Nossa pesquisa e outras feitas por cientistas sociais confirmam a veracidade dessas experiências. (Há, claro, casos raros em que um chefe brutal produz um resultado excelente. Exploramos essa dinâmica no quadro da página anterior.) Há estudos demais para serem todos mencionados aqui, mas, no conjunto, eles mostram que, quando o líder está feliz, as pessoas à sua volta veem tudo sob uma luz mais positiva. Isso, por sua vez, as torna otimistas para atingir metas, melhora sua criatividade e a eficácia de seu processo de decisão e as predispõe a ajudar. Por exemplo, um estudo conduzido em 1999 por Alice Isen, de Cornell, revelou que um ambiente otimista promove a eficiência mental, fazendo com que as pessoas absorvam e compreendam melhor as informações, usem regras decisórias em julgamentos complexos e sejam flexíveis em seu modo de pensar. Outras pesquisas fazem uma ligação direta entre humor e desempenho financeiro. Em 1986, por exemplo, Martin Seligman e Peter Schulman, da Universidade da Pensilvânia, demonstraram que os corretores de seguro com uma visão de "copo meio cheio" eram muito mais capazes de persistir apesar das rejeições e, assim, fechar mais contratos, se comparados a seus companheiros mais pessimistas.

Muitos líderes responsáveis por criar um ambiente disfuncional por conta de seu estilo emocional acabam demitidos. (É claro, a razão oficial nunca é essa, e sim os maus resultados.) Mas não é preciso terminar assim.

Da mesma forma que é possível reverter o mau humor, é possível também reverter a disseminação dos sentimentos tóxicos vindos de um líder emocionalmente inepto. Uma olhada no cérebro explica por quê, quando e como.

A ciência do humor

Um volume crescente de pesquisas sobre o cérebro humano prova que, para o bem ou para o mal, a disposição dos líderes tem efeito sobre as emoções das pessoas a seu redor. O motivo disso está no que os cientistas denominam natureza de circuito aberto do sistema límbico do cérebro, nosso centro emocional. Um sistema em circuito fechado é autorregulado, ao passo que um sistema em circuito aberto depende de fontes externas para se administrar. Em outras palavras, nos apoiamos em conexões com outras pessoas a fim de determinar nosso humor. O sistema límbico em circuito

Sorria e o mundo sorrirá para você

Lembra-se desse clichê? Não está muito longe da verdade. Como mostramos, o contágio do humor é um fenômeno neurológico real, mas nem todas as emoções se alastram com a mesma facilidade. Um estudo de 1999 feito por Sigal Barsade na Yale School of Management mostrou que, entre grupos de trabalho, a alegria e a cordialidade se alastravam com facilidade, ao mesmo tempo que isso acontecia menos em relação à irritabilidade e menos ainda em relação à depressão.

Não deveria ser surpresa saber que a risada é a mais contagiante de todas as manifestações da emoção. Ao ouvir uma risada, é quase impossível não rir ou sorrir também. Isso porque alguns dos circuitos abertos de nosso cérebro são projetados para detectar sorrisos e risadas, fazendo-nos reagir do mesmo modo. Os cientistas teorizam que essa dinâmica foi inculcada em nosso cérebro eras atrás porque sorriso e risada cimentam alianças, e assim ajudam a espécie a sobreviver.

Mas a principal implicação aqui, para líderes que assumem a tarefa primordial de administrar seu estado de espírito e o dos outros, é a seguinte: o bom humor acelera o alastramento de um clima positivo. Assim como a disposição do líder, porém, o humor precisa se afinar com a cultura e a realidade da organização. Acreditamos firmemente que sorrisos e risadas são contagiantes somente quando são genuínos.

---

aberto foi um projeto vencedor na evolução porque permitiu que as pessoas se ajudassem em termos emocionais – garantindo que uma mãe, por exemplo, possa acalmar um filho aos prantos.

O design de circuito aberto continua a servir ao mesmo propósito há milhares de anos. Pesquisas feitas em unidades de tratamento intensivo mostraram, por exemplo, que a presença reconfortante de outra pessoa não apenas reduz a pressão sanguínea do paciente, como também desacelera a secreção de ácidos graxos que bloqueiam as artérias. Em outro estudo descobriu-se que três ou mais incidentes de estresse ocorridos em um ano (por exemplo, por sérios problemas financeiros, demissão do emprego ou divórcio) triplicam a taxa de morte entre homens de meia-idade socialmente isolados, mas não têm impacto sobre a taxa de mortalidade de homens que mantêm relações com outras pessoas.

Os cientistas descrevem o circuito aberto como o "regulador límbico interpessoal"; um indivíduo transmite sinais que podem alterar os níveis hormonais, as funções cardiovasculares, os ritmos de sono e até mesmo as funções imunológicas no corpo de outro. É assim que os casais são capazes de desencadear ondas de oxitocina no cérebro um do outro, criando um sentimento agradável e afetuoso. Mas as fisiologias se misturam em todos os aspectos da vida social. O design de circuito aberto do sistema límbico permite que outras pessoas modifiquem nossa própria fisiologia e, assim, nossas emoções.

Apesar de o circuito aberto ter grande papel em nossa vida, normalmente não percebemos o processo. Os cientistas capturaram a sintonia de emoções, em laboratório, ao medir sinais fisiológicos – como o ritmo cardíaco, por exemplo – de duas pessoas durante uma conversa. No início da interação, os corpos operam em ritmos diferentes. Mas, depois de 15 minutos, os perfis fisiológicos parecem extraordinariamente similares.

Os pesquisadores já viram inúmeras vezes como as emoções se alastram de forma irresistível sempre que as pessoas estão próximas. Ainda em 1981, os psicólogos Howard Friedman e Ronald Riggio descobriram que mesmo expressões completamente não verbais podem afetar os outros. Por exemplo, quando três estranhos se sentam em frente um ao outro em silêncio durante um ou dois minutos, aquele mais expressivo em termos emocionais transmite seu humor para os demais – sem que uma única palavra seja dita.

O mesmo acontece no escritório, na sala de reunião do conselho, na loja; membros de um grupo inevitavelmente "absorvem" os sentimentos uns dos outros. Em 2000, Caroline Bartel, da Universidade de Nova York, e Richard Saavedra, da Universidade de Michigan, descobriram que em 70 grupos de trabalho, em diversos tipos de setores, as pessoas acabavam compartilhando o humor durante as reuniões – tanto o bom quanto o mau – dentro de duas horas. Em um estudo, pediu-se que enfermeiros e contadores monitorassem o próprio humor durante algumas semanas. Os pesquisadores descobriram que as emoções se alinhavam e que esses sentimentos eram em larga medida independentes dos aborrecimentos compartilhados por cada grupo. Portanto os grupos, assim como as pessoas, passeiam numa montanha-russa emocional, compartilhando tudo, da inveja à angústia e à euforia. (Uma boa disposição, incidentalmente, se alastra com mais velocidade com o uso criterioso do humor. Para saber mais, veja o quadro Sorria e o mundo sorrirá para você, na página anterior.)

O humor de quem está no topo costuma se mover com mais rapidez porque todo mundo observa o chefe. Suas deixas emocionais são absorvidas. Mesmo quando o chefe não está sempre visível – por exemplo, o CEO que trabalha de portas fechadas em um andar superior –, a atitude dele afeta aqueles que se reportam diretamente a ele, e um efeito dominó se alastra por toda a empresa.

Chame um médico para o CEO

Se a disposição do chefe é tão importante, seria melhor que ele estivesse de bom humor, não? Sim, mas a resposta completa é um pouco mais complicada. O humor do líder tem maior impacto sobre o desempenho quando ele é positivo. Mas também precisa estar afinado com aqueles a seu redor. Chamamos isso de ressonância dinâmica (para saber mais a respeito, veja o quadro Fique feliz, com cautela, na página seguinte).

Descobrimos que um número alarmante de líderes não sabe se tem ressonância na empresa. Eles sofrem da "doença do CEO"; o sintoma desagradável é a total ignorância sobre como sua disposição e suas ações são vistas pela empresa. Não é que os chefes não se importem com a maneira como são vistos; a maioria se importa. Mas assumem, de forma incorreta, que eles mesmos podem decifrar a informação. Pior do que isso, acham que, se estão tendo um efeito negativo, alguém vai informá-los. Eles estão errados.

Como explica um dos CEOs que participaram de nossa pesquisa: "Com muita frequência sinto que não sei a verdade. Nunca consigo saber ao certo, porque ninguém está, na realidade, mentindo para mim, mas sinto que as pessoas estão escondendo informações ou camuflando fatos importantes. Não mentem, mas também não me contam tudo que preciso saber. Estou sempre tentando adivinhar."

Ninguém conta ao chefe a verdade absoluta sobre o impacto emocional que ele causa por vários motivos. Às vezes têm medo de dar más notícias – e serem demitidos. Há quem sinta que não é de sua alçada fazer comentários sobre algo tão pessoal. Outros ainda não percebem que o assunto sobre o qual realmente querem falar é o efeito do estilo emocional do chefe – isso parece muito vago. Seja qual for a razão, o CEO não pode esperar que os funcionários abram o jogo.

Fique feliz, com cautela

Bom humor estimula o bom desempenho, mas não faz sentido que um líder esteja alegre como um passarinho se as vendas estão despencando ou se o negócio está se desfazendo. Os executivos mais eficazes demonstram humores e comportamentos que se enquadram na situação do momento, com uma dose saudável de otimismo. Eles respeitam os sentimentos das pessoas, mesmo que o outro esteja cabisbaixo ou derrotado – mas também dão um exemplo de como avançar com esperança e humor.

Esse tipo de desempenho, que chamamos de ressonância, é, para todos os fins, o quarto componente da inteligência emocional em ação.

O **autoconhecimento**, talvez a competência mais essencial da inteligência emocional, é a capacidade de reconhecer as próprias emoções. Ela permite que as pessoas saibam quais são seus pontos fortes e suas limitações e se sintam confiantes sobre seu valor. Líderes ressonantes usam o autoconhecimento para aferir os próprios humores com precisão e intuitivamente saber como estão afetando os outros.

A **autogestão** é a capacidade de controlar emoções e agir com honestidade e integridade em termos confiáveis e adaptáveis. Líderes ressonantes não permitem que seu mau humor ocasional estrague o dia: eles usam a autogestão para deixá-lo do lado de fora do escritório ou para explicar sensatamente às pessoas o motivo a fim de que elas saibam de onde vem e quanto tempo pode durar.

A **conscientização social** inclui habilidades fundamentais como a empatia e a intuição organizacional. Executivos socialmente conscientes fazem mais do que detectar as emoções dos outros, eles demonstram que se importam. Além disso, são especialistas em compreender as nuances da política corporativa. Portanto, líderes ressonantes entendem em profundidade como suas palavras e ações fazem os outros se sentirem, e são sensíveis o suficiente para modificá-las quando o impacto é negativo:

A **gestão de relacionamento**, a última das competências da inteligência emocional, inclui a capacidade de se comunicar com clareza e de modo convincente,

Faça um inventário

O processo de autodescoberta e reinvenção pessoal que recomendamos não é moderno nem nasceu da psicologia pop, como tantos programas de autoajuda oferecidos ao mundo corporativo hoje em dia. Pelo contrário, baseia-se em três correntes de pesquisa sobre como os executivos podem incrementar as habilidades de inteligência emocional mais intimamente desarmar conflitos e construir fortes laços pessoais. Líderes ressonantes usam essas habilidades para espalhar entusiasmo e resolver desentendimentos, frequentemente com humor e gentileza.

Apesar de a liderança ressonante ser eficaz, também é rara. A maioria das pessoas sofre nas mãos de líderes dissonantes, cuja disposição tóxica e os comportamentos desconcertantes armam o caos antes que um líder esperançoso e realista repare a situação.

Consideremos o que aconteceu em uma divisão experimental da BBC, a gigante da mídia inglesa. Apesar de todo o esforço de cerca de 200 jornalistas e editores, a administração resolveu desativá-la.

A decisão já era muito ruim, mas o modo brusco e controverso do executivo enviado para dar a notícia para a equipe reunida incitou algo além da esperada frustração. As pessoas ficaram enraivecidas – com a notícia e com o mensageiro. Tanto o mau humor quanto o modo irritadiço usado para fazer o anúncio geraram uma atmosfera tão pesada que o executivo precisou chamar os seguranças para sair correndo da sala.

No dia seguinte, outro executivo fez uma visita à mesma equipe. Seu comportamento foi sóbrio e respeitoso. Ele falou da importância do jornalismo para manter a vitalidade da sociedade, assim como da vocação que levou todos ali a escolher essa profissão. Ele lembrou que ninguém entra no jornalismo para ficar rico – são poucas as compensações financeiras, a segurança no emprego é reduzida e fica ao sabor das ondas maiores da economia. Ele se recordou da época em que foi demitido e de como batalhou para encontrar um novo emprego – e mesmo assim continuou dedicado ao ofício. Finalmente, desejou sucesso a todos na carreira.

Qual foi a reação daqueles que formaram uma turba furiosa no dia anterior? Quando esse líder ressonante terminou de falar, os funcionários o aclamaram.

ligadas à liderança eficaz. Em 1989, um de nós (Richard Boyatzis) começou a trabalhar com esse corpo de pesquisa a fim de projetar o processo de cinco passos, e, desde então, milhares de executivos o usaram com sucesso.

Diferentemente de outras formas de coaching, nosso processo se baseia na neurociência. As habilidades emocionais de uma pessoa – a atitude e as habilidades e capacidades com as quais alguém aborda a vida e o trabalho – não estão ligadas à genética, como a cor dos olhos ou da pele. Mas de alguma forma pode haver alguma relação, porque estão profundamente fincadas em nossa neurologia.

As habilidades emocionais humanas têm, na verdade, um componente genético. Os cientistas descobriram, por exemplo, o gene da timidez – que não é um tipo de humor *per se*, mas certamente pode levar alguém a adotar um comportamento persistentemente quieto, o que algumas vezes é considerado "depressivo". Outras pessoas são felizes de uma forma além do normal – isto é, sua alegria incessante parece anormal até conhecermos seus animados pais. Como explica um executivo: "Tudo que sei é que, desde que era bebê, sempre fui feliz. Algumas pessoas enlouquecem com isso, mas eu não conseguiria ficar triste nem se tentasse. E meu irmão é exatamente igual; ele tentou ver o lado bom da vida mesmo durante o divórcio."

Ainda que as habilidades emocionais sejam parcialmente congênitas, a experiência tem um papel importante no modo como os genes se expressam. Um bebê feliz que perde os pais ou que passa por abuso físico pode se tornar um adulto melancólico. Uma criancinha irritadiça pode se transformar em um adulto alegre depois de descobrir um hobby que a preencha. Ainda assim, a pesquisa sugere que nossa variedade de habilidades emocionais é relativamente firmada quando temos 20 e poucos anos e que os comportamentos que nos acompanham já são, por essa época, hábitos arraigados. E nisso está a fricção: quanto mais agimos de certa forma – seja feliz, deprimida ou irritadiça –, mais o comportamento se torna enraizado em nosso circuito cerebral e mais continuaremos a sentir e agir do mesmo modo.

É por isso que a inteligência emocional tem tanta importância para um líder. Um líder emocionalmente inteligente pode monitorar seus humores através do autoconhecimento, mudá-los para melhor pela autogestão, compreender seu impacto por meio da empatia e agir de modo a estimular os humores dos outros graças à gestão de relacionamento.

O processo de cinco partes a seguir é projetado para reprogramar o cérebro de forma a acionar comportamentos mais inteligentes em termos emocionais. O processo começa ao imaginar seu eu ideal e daí a aceitar seu eu verdadeiro, como os outros o veem. O próximo passo é criar um plano tático para fazer a ponte entre o ideal e o real e, depois, pôr isso em prática.

Finaliza com a criação de uma comunidade que inclui colegas e a família – vamos chamá-los de executores da mudança –, a fim de manter o processo vivo. Vejamos os passos em detalhe.

"Quem eu quero ser?"

Sofia, gerente sênior de uma empresa de telecomunicações do Norte da Europa, sabia que precisava entender como sua liderança emocional afetava os outros. Sempre que se sentia estressada tinha a tendência de se comunicar mal e assumir o trabalho dos subordinados para que fosse feito da maneira "certa". Participar de seminários sobre liderança não mudou seus hábitos, tampouco a leitura de livros de gestão ou recorrer a mentores.

Quando Sofia nos procurou, pedimos que se imaginasse oito anos no futuro como líder eficaz e fizesse uma descrição de um dia típico. "O que estaria fazendo?", perguntamos. "Onde estaria morando? Quem estaria lá? Qual a sensação?" Nós a incitamos a considerar seus valores mais profundos e os sonhos mais sublimes e a explicar como esses ideais haviam se tornado parte de sua vida cotidiana.

Sofia se viu liderando a própria empresa, com uma equipe de 10 colegas. Ela vivia uma relação franca com a filha e mantinha relacionamentos de confiança com os amigos e colegas de trabalho. Ela se via como uma líder e mãe descontraída e feliz. Amorosa e capaz de delegar a todos a seu redor.

Em geral, Sofia tinha um baixo nível de autoconhecimento. Raramente era capaz de apontar por que tinha tantas dificuldades no trabalho e em casa. Tudo que conseguia dizer era: "Nada está funcionando direito." Esse exercício, que a incitou a imaginar como a vida seria se tudo estivesse dando certo, abriu seus olhos para os elementos que faltavam em seu estilo emocional. Ela conseguiu ver o impacto que tinha sobre as pessoas que faziam parte de sua vida.

"Quem sou agora?"

No próximo passo do processo de descoberta, você vê seu estilo de liderança do mesmo modo que os outros. Isso é difícil e perigoso, já que poucas pessoas têm estômago para dizer ao chefe ou a um colega como ele realmente é, porque tal informação pode atordoar ou mesmo paralisar. Um pouquinho de ignorância sobre si mesmo nem sempre é ruim:

Ressonância em tempos de crise

Quando falamos sobre a disposição dos líderes, não é possível exagerar a importância da ressonância. Ao mesmo tempo que nossa pesquisa sugere que, em geral, eles deveriam transmitir positividade, seu comportamento precisa ter raízes na realidade, especialmente quando confrontados por uma crise.

Consideremos a reação de Bob Mulholland, vice-presidente sênior e dirigente do grupo de relacionamento com clientes da Merrill Lynch, na ocasião dos ataques terroristas em Nova York. Em 11 de setembro de 2001, Mulholland e sua equipe, sediados no Two World Financial Center, sentiram o edifício balançar, e depois viram a fumaça sair de um buraco imenso no prédio diretamente em frente ao deles. As pessoas entraram em pânico: algumas correram, frenéticas, de janela em janela. Outras ficaram paralisadas de medo. Aquelas com familiares que trabalhavam no World Trade Center se apavoraram, pensando em sua segurança. Mulholland sabia que precisava agir: "Quando existe uma crise, é preciso mostrar o caminho para as pessoas, passo a passo, e se assegurar de que está cuidando das preocupações delas."

Ele começou transmitindo informações de que as pessoas precisavam para sair do estado de paralisia. Descobriu, por exemplo, em quais andares trabalhavam parentes de seus funcionários e garantiu que teriam tempo suficiente para escapar. Depois acalmou os apavorados, um por um. "Vamos sair daqui agora", disse, com calma, "e vocês vêm comigo. Não pelo elevador, pelas escadas." Ele permaneceu calmo e decidido, e no entanto não desdenhou das reações emocionais. Graças a ele, todo mundo escapou antes de as torres desabarem.

A liderança de Mulholland não terminou naquele momento. Ao reconhecer que o evento afetaria pessoalmente cada cliente, ele e sua equipe elaboraram um modo para que os consultores financeiros se conectassem com os clientes em nível emocional. Telefonaram para cada um e perguntaram: "Como está? Seus entes queridos estão bem? Como você está se sentindo?" Como explica Mulholland: "Não havia como continuar a fazer os negócios de sempre. A primeira ordem do 'negócio' era fazer com que nossos clientes soubessem que realmente nos preocupávamos com eles."

Bob Mulholland desempenhou com coragem uma das tarefas emocionais mais fundamentais da liderança: ajudou a si mesmo e a seus subordinados a encontrar sentido diante do caos e da loucura. A fim de conseguir isso, primeiro se sintonizou e então expressou a realidade emocional compartilhada. É por isso que a direção que acabou tomando ressoou nas pessoas. Seus atos e palavras refletiram o que todos tinham no coração.

os mecanismos de defesa do ego têm suas vantagens. Pesquisas feitas por Martin Seligman mostram que as pessoas muito produtivas geralmente se sentem mais otimistas acerca de suas perspectivas e possibilidades do que aquelas com desempenho médio. As lentes cor-de-rosa, na verdade, alimentam o entusiasmo e a energia que fazem com que o inesperado e o extraordinário sejam factíveis. O dramaturgo Henrik Ibsen chamava esse tipo de autoilusão de "mentiras vitais", inverdades reconfortantes que nos ajudam a encarar um mundo assustador.

Mas a autoilusão deve vir em doses bem pequenas. Os executivos nunca deveriam parar de buscar a verdade acerca de si mesmos, especialmente porque, de qualquer jeito, ela estará um tanto diluída quando a ouvirem. Um modo de descobrir a verdade é manter uma atitude aberta em relação às críticas. Outro é procurar o feedback negativo, até mesmo cultivar um colega ou dois para que façam o papel de advogado do diabo.

Também recomendamos que a pessoa reúna feedback do maior número de pessoas possível – inclusive chefes, pares e subordinados. Feedback de subordinados e pares é especialmente útil porque prevê com a maior precisão a efetividade de um líder pelos próximos dois, quatro ou até sete anos, de acordo com pesquisa feita por Glenn McEvoy, da Utah State, e Richard Beatty, da Rutgers University.

É claro que o feedback de 360 graus não pede que as pessoas avaliem seu humor e suas ações e o impacto causado. Mas revela como você é visto. Por exemplo, quando as pessoas avaliam se você é um bom ouvinte, estão na realidade relatando como acham que você as escuta. Da mesma forma, quando o feedback de 360 graus provoca comentários sobre a eficácia de seus aconselhamentos, as respostas mostram se as pessoas sentem que você as compreende e se preocupa com elas ou não. Quando o feedback revela pontuação baixa em, digamos, abertura para novas ideias, isso significa que você é visto como inacessível, inatingível ou ambos. Em suma, tudo que é preciso saber sobre o impacto emocional que você causa encontra-se no feedback de 360 graus, se houver interesse.

Uma última observação sobre este segundo passo. Com certeza, é fundamental identificar suas fraquezas, mas focar apenas nelas pode ser desalentador. Por isso é tão ou até mais importante entender seus pontos fortes. Saber onde seu eu real se sobrepõe a seu eu ideal lhe dará a energia positiva de que precisa para seguir em frente até o próximo passo no processo – e preencher a lacuna.

"Como vou daqui até lá?"

Assim que você descobre quem quer ser e faz a comparação com o modo como as pessoas o veem, é necessário formular um plano de ação. Para Sofia, isso significava conquistar uma melhora real em seu nível de autoconsciência. Portanto, ela pediu feedback a cada membro de sua equipe – todas as semanas, de forma anônima e por escrito – sobre seu humor, seu desempenho e os efeitos que causava nas pessoas. Ela também se comprometeu a realizar três tarefas difíceis mas factíveis: passar uma hora por dia refletindo, em um diário, sobre seu comportamento, fazer aulas de dinâmica de grupo em uma faculdade local e procurar ajuda de um colega confiável, que servisse como um supervisor informal.

Vamos considerar também como Juan, executivo de marketing da divisão da América Latina de uma grande companhia de energia, completou esse passo. Juan foi encarregado de fazer a empresa crescer na Venezuela, seu país natal, assim como em toda a região – um trabalho que exigia que fosse conselheiro e visionário e que tivesse uma perspectiva encorajadora e otimista. No entanto, o feedback de 360 graus revelou que Juan era visto como intimidador e autocentrado. Muitos dos seus subordinados diretos o consideravam um resmungão – impossível de agradar quando estava em seus piores momentos e capaz de causar grandes desgastes emocionais em seus melhores dias.

Identificar esse descompasso permitiu que Juan bolasse um plano, com passos viáveis, para melhorar. Ele sabia que precisava aperfeiçoar seus poderes de empatia caso quisesse assumir o papel de orientador. Assim se comprometeu a realizar diversas atividades para exercitar essa habilidade. Por exemplo, Juan decidiu conhecer melhor cada um dos subordinados; se entendesse melhor quem eles eram, acreditava, teria mais capacidade de ajudá-los a atingir seus objetivos. Planejou encontrar cada um fora do ambiente de trabalho, onde pudessem ficar mais à vontade para revelar seus sentimentos.

Juan também procurou áreas fora do trabalho em que pudesse forjar as habilidades que lhe faltavam – por exemplo, treinar o time de futebol da filha e ser voluntário em um centro de crises local. Ambas as atividades o ajudaram a fazer experiências sobre como entendia os outros e a vivenciar novos comportamentos.

Vamos ver mais uma vez a neurociência em ação. Juan tentava superar comportamentos enraizados – sua abordagem de trabalho havia se estabelecido com o tempo, sem que percebesse. Conscientizar-se desses comportamentos era um passo fundamental para modificá-los. Quando passou a prestar mais atenção, as situações que surgiram – enquanto ouvia uma colega, treinava futebol ou falava ao telefone com alguém desesperado – se tornaram estímulos para abandonar velhos hábitos e tentar novas reações.

Esses estímulos para a mudança de hábitos são tanto neurais quanto de percepção. Pesquisadores da Universidade de Pittsburgh e de Carnegie Mellon mostraram que, enquanto nos preparamos mentalmente para uma tarefa, ativamos o córtex pré-frontal – a parte do cérebro que nos faz agir. Quanto maior a ativação prévia, melhor realizamos a tarefa.

Essa preparação mental se torna particularmente importante quando tentamos substituir um velho hábito por um melhor. Como descobriu o neurocientista Cameron Carter, da Universidade de Pittsburgh, o córtex pré-frontal se torna especialmente ativo quando uma pessoa se prepara para superar uma reação habitual. O córtex pré-frontal despertado direciona o foco do cérebro para o que está para acontecer. Sem esse despertar, a pessoa vai reencenar rotinas já testadas, mas indesejadas: o executivo que simplesmente não escuta vai interromper seu subordinado de novo; o líder grosseiro vai deslanchar outra onda de críticas agressivas, e assim por diante. É por isso que o programa de aprendizado é tão importante. Sem um, literalmente não temos o poder mental de mudar.

"Como faço para que a mudança perdure?"

Em resumo, mudanças duradouras exigem prática. De novo, o motivo está no cérebro. É necessário fazer e refazer, repetir uma vez e outra mais, a fim de abandonar hábitos neurais antigos. Um líder precisa ensaiar um novo comportamento até que se torne automático – isto é, até que o tenha dominado como aprendizado implícito. Somente então o novo circuito substituirá o antigo.

Embora o ideal seja pôr em prática os novos comportamentos, como fez Juan, às vezes visualizá-los já serve. Vejamos o caso de Tom, executivo que queria acabar com o descompasso entre seu eu real (visto por colegas e subordinados como frio e rígido) e seu eu ideal (visionário e conselheiro).

Em seu plano de aprendizado, Tom queria encontrar oportunidades de fazer uma pausa para orientar os subordinados em vez de pular no pescoço deles quando pressentia que estavam errados. Tom também começou a analisar, no caminho até o trabalho, como lidar com compromissos que teria ao longo do dia. Enquanto ia para uma reunião pela manhã com um funcionário que parecia estar atrapalhando um projeto, Tom visualizou um cenário positivo. Ele fazia perguntas e ouvia, a fim de se assegurar de que tinha compreendido totalmente a situação antes de tentar resolver o problema. Ele antecipou que ficaria impaciente, e ensaiou como poderia lidar com esse sentimento.

Estudos feitos com o cérebro demonstram os benefícios da técnica de visualização de Tom: imaginar algo em detalhes vívidos pode acionar os mesmos neurônios que na verdade estão envolvidos em realizar a atividade. O novo circuito cerebral parece passar pelos mesmos passos, fortalecendo conexões, mesmo quando apenas repetimos a sequência em nossa cabeça. Assim, a fim de aliviar os medos associados com a tentativa de tomar caminhos mais arriscados de liderança, devemos antes visualizar alguns cenários similares. Isso fará com que nos sintamos menos esquisitos quando colocarmos as novas habilidades em prática.

Experimentar novos comportamentos e aproveitar oportunidades dentro e fora do trabalho para treiná-los – assim como o uso de métodos como o ensaio mental – no final acaba acionando no cérebro as conexões neurais necessárias para que a mudança verdadeira ocorra. Mesmo assim, uma mudança duradoura não acontece somente através de experimentos e poder mental. Precisamos de uma ajudinha de nossos amigos.

"Quem pode me ajudar?"

O quinto passo no processo de autodescoberta e reinvenção é criar uma comunidade de pessoas que o apoiam. Por exemplo, gerentes da Unilever formaram grupos de aprendizado como parte do processo de desenvolvimento executivo. No começo, eles se reuniam para discutir a própria carreira e como estabelecer liderança. Porém, como também foram encarregados de discutir seus sonhos e objetivos de aprendizado, logo perceberam que estavam discutindo não apenas o trabalho, mas também sua vida pessoal. Desenvolveram uma sólida confiança mútua e começaram a se apoiar uns nos outros para ter feedback honesto, enquanto se esforçavam para fortalecer sua capacidade de liderança. Quando isso acontece, o negócio ganha força através de um desempenho mais eficaz. Hoje em dia muitos profissionais criam grupos parecidos, e por bons motivos. Pessoas nas quais confiamos deixam que testemos, sem corrermos riscos, partes desconhecidas de nosso repertório de liderança.

Não podemos melhorar a inteligência emocional ou mudar o estilo de liderança sem ajuda de outros. Não somente nos exercitamos com outras pessoas, mas também nos apoiamos nelas para criar um ambiente seguro no qual seja possível fazermos experiências. Precisamos de feedback sobre como nossas ações afetam outros e como analisar nosso progresso no programa de aprendizado.

Na realidade, talvez paradoxalmente, no processo de aprendizado autodirigido tiramos partido de outros a cada passo do caminho – desde quando articulamos e refinamos nosso eu ideal e o comparamos com a realidade até a análise final que confirma nosso progresso. Nossos relacionamentos nos oferecem o próprio contexto no qual entendemos nosso progresso e compreendemos a utilidade do que estamos aprendendo.

Humor é o que importa

Quando dizemos que administrar nosso humor e o humor de nossos subordinados é tarefa de uma liderança primordial, certamente não queremos sugerir que é tudo que importa. Como observamos, nossas ações são fundamentais, e nossa disposição e nossas ações precisam estar em sintonia com a organização e com a realidade. Do mesmo modo, reconhecemos todos os outros desafios que os líderes precisam superar – da estratégia de recrutamento ao desenvolvimento de um produto. Tudo faz parte de um longo dia de trabalho.

Mas, quando consideradas em conjunto, as mensagens passadas pelas pesquisas neurológica, fisiológica e organizacional são surpreendentemente claras. Liderança emocional é a centelha que acende o desempenho da empresa, criando um fogo de sucesso ou uma paisagem de cinzas. O humor importa muito.

Publicado originalmente em dezembro de 2001.

3

Por que é tão difícil ser justo

Joel Brockner

QUANDO A COMPANHIA A PRECISOU REDUZIR SEU TAMANHO, gastou um valor considerável para prover uma rede de segurança aos funcionários que foram demitidos. O pacote de indenização consistia em: pagamento de um salário extra, consultoria para recolocação e manutenção do plano de saúde por um ano. Mas os gerentes seniores nunca explicaram a suas equipes por que essas demissões tinham sido necessárias ou como haviam escolhido quais cargos eliminar. Além disso, os gerentes de nível médio que deram a notícia aos funcionários demitidos fizeram isso canhestramente, balbuciando algumas palavras negligentes, como "não queríamos fazer isso", e depois os mandando ao departamento de recursos humanos.

Nem mesmo as pessoas que mantiveram seus empregos ficaram satisfeitas com o modo como a questão foi tratada. Muitos receberam a notícia enquanto iam para casa na sexta-feira e tiveram que esperar até segunda para saber se seus empregos estavam garantidos.

Nove meses depois, a companhia continuava em ebulição. Não só tivera que absorver enormes custos judiciais, defendendo-se de processos trabalhistas, como também precisou fazer mais uma rodada de demissões, em grande parte porque a produtividade e o moral dos funcionários tinham despencado depois da forma péssima como a primeira leva tinha sido conduzida.

Em contraste, quando a companhia B precisou fazer cortes, não ofereceu um pacote de indenização tão generoso. Mas os gerentes seniores explicaram várias vezes o propósito estratégico das demissões antes que elas fossem implementadas, e tanto executivos quanto gerentes de nível médio se puseram à disposição para responder a perguntas e expressar seu pesar tanto aos que tinham perdido o emprego quanto aos que permaneceram. Os gerentes trabalharam com o departamento de recursos humanos para comunicar às pessoas que seus cargos estavam sendo eliminados, expressando uma preocupação genuína ao fazerem isso. Como resultado, praticamente nenhum dos funcionários demitidos entrou com um processo trabalhista. Os que ficaram levaram algum tempo para se adaptar à perda dos colegas, mas compreenderam por que as demissões tinham acontecido. E em nove meses o desempenho da companhia B era melhor do que tinha sido antes das demissões.

Embora a companhia A tenha gastado muito mais dinheiro durante sua reestruturação, a B demonstrou muito mais *justiça em seu processo*. Em outras palavras, os funcionários da companhia B acreditaram que tinham sido tratados com justiça. Desde a minimização de custos até a melhoria do desempenho, um processo justo traz grandes benefícios em diversos desafios organizacionais que envolvem pessoas. Estudos demonstram que quando gerentes zelam pela justiça do processo, seus funcionários respondem de modo a melhorar o resultado final, direta e indiretamente.

Um processo justo tem mais probabilidade de suscitar apoio a uma nova estratégia, por exemplo, e de fomentar uma cultura que promove a inovação. Além disso, tem baixo custo de implementação. Em suma, um processo justo faz muito sentido em termos administrativos. Então por que não é consistentemente aplicado por mais companhias? Este artigo examina esse paradoxo e sugere como promover processos mais justos em sua organização.

Em resumo

Há inúmeras maneiras de uma empresa perder dinheiro se não agir com justiça, inclusive por meio de furtos, roubos e alta rotatividade, custos legais decorrentes de processos trabalhistas e implementando soluções dispendiosas que visam ajudar funcionários a lidar com as tensões do trabalho.

Muitos executivos pensam primeiro no dinheiro quando precisam resolver problemas, mas pedir a opinião dos funcionários sobre uma nova iniciativa ou lhes explicar por que está sendo dada uma atribuição a outra pessoa não custa muito dinheiro e resulta em equipes mais satisfeitas. Da minimização dos custos à melhoria do desempenho, um processo justo traz enormes benefícios em uma ampla gama de desafios.

Boas organizações se importam não apenas com resultados produzidos por seus gerentes, mas também com a justiça dos processos que eles usam para chegar a esses resultados. Quanto mais cedo eles minimizarem os custos de decisões que podem ameaçar funcionários e maximizarem os benefícios de decisões capazes de originar oportunidades para eles, melhor será para todos.

Um case de processo justo

Em última análise, cada funcionário decide por si mesmo se uma decisão foi tomada com justiça. Mas, numa visão mais ampla, há três fatores que determinam se um processo é justo. Um deles é quanta influência os funcionários acreditam ter no processo de tomada de decisões: suas opiniões são requisitadas e seriamente levadas em consideração? Outro fator é como os funcionários acreditam que as decisões são tomadas e implementadas: são consistentes? Baseiam-se em informações precisas? Os erros poderão ser corrigidos? Os pontos de vista pessoais de quem toma as decisões são minimizados? A notícia é dada com grande antecedência? O processo de tomada de decisão é transparente? O terceiro fator é como se comportam os gerentes: explicam por que uma decisão foi tomada? Tratam os funcionários com respeito, ouvindo ativamente suas preocupações e demonstrando empatia por seus pontos de vista?

Vale ressaltar que a justiça do processo é diferente da justiça do resultado, que se refere à avaliação dos funcionários quanto aos efeitos de suas interações com seus empregadores. A justiça do processo não garante que os funcionários sempre vão conseguir o que querem; mas significa que terão a possibilidade de serem ouvidos. Tome como exemplo um indivíduo que foi preterido numa promoção. Se ele acreditar que o candidato escolhido era qualificado e se seu gerente tiver uma conversa sincera com ele sobre como estar mais bem preparado para a próxima oportunidade, existe a probabilidade de ele ser muito mais produtivo e engajado do que se acreditasse que a pessoa beneficiada era protegida do chefe, ou se não recebesse orientação sobre como evoluir mais.

Quando as pessoas se sentem prejudicadas por suas empresas, tendem a retaliar, e isso pode ter graves consequências. Um estudo com cerca de mil pessoas em meados da década de 1990, realizado por Allan Linda, da Universidade Duke, e Jerald Greenberg, da Universidade Estadual de Ohio, descobriu que um grande determinante para funcionários entrarem com processos trabalhistas é sua percepção de quão justamente foi conduzida a rescisão. Apenas 1% dos ex-funcionários que sentiam terem sido tratados com alto grau de justiça moveram ações trabalhistas, contra 17% dos que acreditaram terem sido tratados com baixo grau de justiça. Em termos financeiros, a expectativa de redução de custos por se ter um processo justo é de 1,28 milhão de dólares para cada 100 funcionários demitidos. Esse valor – que foi calculado com base no custo médio de defesa judicial em 1988, que era de 80 mil dólares – é uma estimativa conservadora, já que só a inflação fez os honorários de advogados incharem para mais de 120 mil dólares hoje. Assim, embora não sejamos capazes de calcular o custo financeiro exato quando se pratica um processo justo, pode-se dizer com segurança que expressar preocupação genuína e tratar funcionários demitidos com dignidade é um bom negócio, custando menos do que não fazer isso.

Também é menos provável que clientes processem um prestador de serviços se acreditarem que foram tratados com justiça. Em 1997, a pesquisadora médica Wendy Levinson e seus colegas descobriram que os pacientes não costumam processar seus médicos por negligência simplesmente por acreditarem que receberam um tratamento médico ruim. Um fator mais determinante é se o médico dedicou tempo para explicar o plano de tratamento e para responder às perguntas do paciente com atenção – em suma, se tratou os pacientes num processo justo. Médicos que não fazem isso têm muito mais probabilidade de serem processados por negligência médica quando surgem problemas.

Além de reduzir os custos legais, um processo justo diminui casos de roubo e a rotatividade de funcionários. Um estudo do professor Greenberg sobre gestão e recursos humanos examinou como foram tratados cortes de salários em duas fábricas. Numa delas, o vice-presidente convocou uma reunião no fim da semana de trabalho e anunciou que a companhia ia implementar um corte de 15% nos salários, em todos os setores, por 10 semanas. Explicou muito brevemente por quê, agradeceu aos funcionários e respondeu a algumas perguntas – tudo isso durou 15 minutos. A outra fábrica implementou um corte de salários idêntico, mas quem fez o anúncio foi o presidente. Ele lhes disse que outras opções para diminuir os custos, como demissões, tinham sido consideradas, mas que a redução de salários parecia ser a escolha mais palatável. O presidente passou uma hora e meia respondendo às perguntas e preocupações dos funcionários e lamentou repetidas vezes ter sido obrigado a adotar aquela medida. Greenberg descobriu que, durante o período de 10 semanas, o roubo entre funcionários foi 80% menor na segunda fábrica do que na primeira, e o número de pedidos de demissão dos funcionários foi 15 vezes menor.

Muitos executivos pensam primeiro no dinheiro para resolver problemas. Porém minha pesquisa demonstra que companhias podem reduzir despesas praticando a justiça nos processos. Pense nisso: pedir a opinião de funcionários sobre uma nova iniciativa ou explicar a alguém por que você optou por dar uma atribuição a outro colega não custa muito dinheiro. Claro, as companhias também deveriam continuar a oferecer uma assistência tangível aos funcionários. Com processos justos, no entanto, poderiam despender muito menos dinheiro e ainda ter funcionários mais satisfeitos.

Considere as consequências financeiras adversas que ocorrem quando expatriados abandonam prematuramente suas tarefas. O senso comum diz que expatriados costumam ir embora mais cedo quando eles ou os membros de suas famílias não se adaptam bem às novas condições de vida.

Assim, é frequente as empresas terem grandes custos com medidas que facilitem sua adaptação – pagando despesas com moradia, educação dos filhos e coisas assim. Num estudo feito em 2000 com 128 expatriados, o consultor de recursos humanos Ron Garonzik, a professora Phyllis Siegel, da Rutgers Business School, e eu descobrimos que a adaptação de expatriados em vários aspectos de suas vidas fora do trabalho não afetava sua intenção de partir se eles acreditavam que seus chefes os tratavam corretamente. Em outras palavras, um alto nível de justiça nos processos no local de trabalho induzia expatriados a manter seus cargos mesmo quando não estavam muito encantados com a vida fora de seu país.

Num sentido similar, algumas empresas pensaram em soluções dispendiosas para ajudar funcionários a lidar com o estresse do trabalho moderno. Criaram creches no próprio local e patrocinaram oficinas de controle do estresse, a fim de reduzir as faltas e o *burnout* (esgotamento físico e mental provocado por excesso de trabalho). Esses esforços são louváveis, mas justiça nos processos também é uma estratégia eficaz. Quando Phyllis Siegel e eu fizemos uma pesquisa com cerca de 300 funcionários de dezenas de organizações, descobrimos que o conflito trabalho/vida não tinha efeitos mensuráveis no comprometimento dos funcionários – desde que considerassem que executivos seniores apresentavam bons motivos para suas decisões e os tratavam com dignidade e respeito.

É claro que executivos não devem apenas enfatizar a justiça nos processos em detrimento de um apoio tangível. A determinação de quanto apoio tangível exatamente prover talvez seja mais bem captada usando-se a lei dos rendimentos decrescentes. Além de um nível moderado de assistência financeira, praticar a justiça nos processos provou ser muito mais eficaz no que tange a custos, porque, embora o dinheiro seja importante, não é tudo.

Processo justo como propulsor de desempenho

A justiça nos processos é capaz não só de minimizar custos, mas também de ajudar a aumentar valor, inspirando gerentes operacionais a efetivar com empenho um plano estratégico bem fundamentado ou abraçar, em vez de sabotar, uma mudança organizacional. Essa forma de valor é menos tangível que uma redução direta de custos, mas ainda assim afeta o resultado final.

O fato é que a maioria das iniciativas de mudança estratégica e organizacional falha em sua implementação, não em sua concepção. Alguns anos atrás, trabalhei com um CEO de uma instituição de serviços financeiros que precisava de uma grande reestruturação. Os gerentes operacionais do banco, no entanto, estavam demonstrando sinais de resistência que ameaçavam paralisar o processo. Aconselhei o CEO e sua equipe de gerentes seniores a realizarem vários encontros para troca de ideias informal e a criarem grupos de estudo específicos com seus gerentes operacionais. Durante essas conversas, ficou claro que os gerentes achavam que o CEO e os executivos seniores não estavam considerando a magnitude da mudança que propunham. O interessante foi que os gerentes não pediram recursos adicionais; eles simplesmente queriam que os dirigentes reconhecessem a dificuldade de seu encargo.

Ao expressar um interesse autêntico, os executivos seniores criaram um ambiente de confiança no qual os gerentes puderam expressar com segurança suas verdadeiras objeções à mudança. Isso permitiu que os dirigentes agissem na raiz do problema. Além disso, como os gerentes operacionais sentiram-se respeitados, demonstraram um nível semelhante de justiça no processo com os próprios subordinados diretos durante a efetiva reestruturação, o que fez o processo avançar com suavidade.

Michael Beer, da Harvard Business School, e Russell Eisenstat, presidente do Center for Organizational Fitness, forneceram provas de como a justiça de processo praticada sistematicamente (embutida numa metodologia de aprendizado por ação conhecida como *strategic fitness process*, ou SFP) ajudou diversas organizações a adquirir valor fazendo funcionários aderirem às estratégias.

Um elemento crítico do SFP é a nomeação de uma força-tarefa constituída por oito gerentes respeitados, um ou dois níveis abaixo da administração sênior. Sua tarefa é entrevistar mais ou menos 100 funcionários de diferentes setores da companhia, para aprender quais são os pontos fortes organizacionais capazes de facilitar a implementação da estratégia, assim como as deficiências que poderiam dificultar isso. Os membros da força--tarefa filtram a informação que obtiveram nessas entrevistas em grandes temas e os levam de volta à administração sênior. Depois discutem como a estratégia poderia ser desenvolvida de forma mais eficaz.

SFP é um modelo para a justiça de processo: mais de 25 companhias – que incluem Becton, Dickinson; Honeywell; JPMorgan Chase; Hewlet-Packard; e Merck – o têm usado com grande sucesso para aprimorar a solidez de suas iniciativas estratégicas e, provavelmente o mais importante, obter o comprometimento dos funcionários na realização dessas iniciativas.

A maioria das empresas diz querer promover a criatividade e a inovação, mas poucas usam a justiça de processo para alcançar esses objetivos. Estão perdendo uma grande oportunidade de criar valor. A professora da Harvard Business School Teresa Amabile realizou uma extensa pesquisa com funcionários que trabalham em empreendimentos criativos para compreender como ambientes de trabalho fomentam ou impedem a criatividade e a inovação. Ela notou consistentemente que ambientes de trabalho nos quais funcionários têm um alto grau de autonomia operacional levam ao mais alto grau de criatividade e inovação. A autonomia operacional, é claro, pode ser considerada uma versão extrema da justiça de processo.

A natureza das organizações, no entanto, subentende que poucos (ou mesmo nenhum) funcionários são capazes de ter uma autonomia operacional completa – quase todos têm um chefe. Criatividade e inovação costumam sofrer em ambientes caracterizados por baixos níveis de justiça de processo, como quando funcionários acreditam que a organização é controlada estritamente pela alta direção, ou quando acham que suas ideias serão descartadas de cara. No entanto, quando funcionários acreditam que seu supervisor está aberto a novas ideias e valoriza suas contribuições aos projetos, a criatividade e a inovação têm mais probabilidade de florescer. Dois exemplos ilustram como a justiça de processo cria valor ao atrair funcionários inovadores ou novos clientes.

O CEO de uma renomada firma de engenharia elétrica queria mudar a cultura da empresa para que fosse mais receptiva a novas ideias, assim dividiu um grande grupo de trabalhadores em equipes de 10, pedindo a cada uma que trouxesse 10 ideias para a melhoria do negócio. Então, os líderes das equipes foram levados a uma sala onde estavam reunidos os executivos da companhia e lhes foi pedido que "vendessem" quantas ideias de sua equipe fosse possível. Os executivos, por sua vez, tinham sido instruídos a "comprar" quantas ideias fosse possível. Os líderes de equipe eram atraídos como abelhas ao mel para os executivos que tinham a reputação de serem bons ouvintes e abertos a novas ideias. Os outros executivos ficaram ociosos, porque os líderes supunham, por experiências anteriores, que eles não os ouviriam.

Uma empresa que usou a justiça de processo para criar valor foi a Progressive Casualty Insurance. Em 1994, a firma começou a dar a potenciais clientes, além de sua própria cotação para seguro de automóvel, as cotações de dois concorrentes, para comparação. Apesar de os valores da Progressive nem sempre serem os mais baixos, o simples fato de essa informação ser fornecida criou boa vontade. Os clientes em potencial sentiram que estavam sendo tratados com honestidade, e essa prática resultou em muitas novas vendas.

Por que não estão todos fazendo isso?

Com todas as vantagens da justiça de processo, seria de esperar que os executivos a praticassem com regularidade. Infelizmente, muitos (se não a maioria) não o fazem. Fariam bem em seguir o exemplo de Winston Churchill, que compreendeu com perspicácia a efetividade da justiça de processo em termos de custos. Um dia após o bombardeio de Pearl Harbor, Churchill escreveu uma declaração de guerra aos japoneses que terminava assim: "Tenho a honra de ser, com alta consideração, Sir, seu obediente servo, Winston S. Churchill." Após ter sido fustigado por seus compatriotas pelo tom deferente da carta, dizem que Churchill retrucou: "Quando se tem de matar um homem, não custa nada ser educado."

No seminário sobre gestão de mudanças que já ministrei a mais de 400 gerentes, costumo pedir aos participantes que avaliem sua eficácia em planejar e implementar uma mudança organizacional. Também peço aos chefes, pares, subordinados diretos e clientes desses gerentes que os avaliem. São mais de trinta quesitos, e é comum os gerentes se darem as notas mais altas no item que mede a justiça do processo: "Ao gerenciar uma mudança, me esforço ao máximo para tratar as pessoas com dignidade e respeito." No entanto, os profissionais que os avaliam não são tão positivos. Na verdade, este é o único item no qual as autoavaliações dos gerentes são significativamente mais altas do que as que recebem de seus grupos. Não está claro o motivo dessa diferença de percepção. Talvez os gerentes estejam concentrados em suas intenções de tratar os outros com respeito, mas não sejam muito bons em ler como essas intenções são concretizadas. Ou talvez seja só um pensamento otimista ou de autossatisfação.

Alguns gestores acreditam equivocadamente que recursos tangíveis são sempre mais significativos para os funcionários do que ser bem tratado. Num coquetel, o CEO de um grande banco internacional me contou, cheio de orgulho, sobre a polpuda indenização que sua companhia pagara aos funcionários demitidos. Expressei minha admiração pela demonstração de cuidado para com as pessoas que perderam o emprego e depois perguntei o que tinha sido feito em relação aos que ficaram. Um tanto na defensiva, ele disse que só fora necessário fazer algo pelos funcionários que tinham sido "afetados" pelas demissões. Os outros já tinham "bastante sorte por terem mantido os empregos". Mas apoiar economicamente os que perderam seus empregos não suprime a necessidade de demonstrar um processo justo aos que foram afetados pela mudança – o que, incidentalmente, inclui todos. Por ironia, o fato de a justiça de processo ser relativamente pouco dispendiosa em termos financeiros pode ser o motivo por que esse executivo orientado para números a tenha subestimado.

Outro motivo por que a justiça do processo pode ser ignorada é o fato de alguns de seus benefícios não serem evidentes para os executivos. O psicólogo social Marko Elovainio, da Universidade de Helsinki, e seus colegas realizaram recentemente um estudo com mais de 31 mil funcionários finlandeses, examinando a relação entre acontecimentos negativos na vida de um funcionário (como o diagnóstico de uma doença grave ou a morte do cônjuge) e a frequência de faltas no trabalho relacionadas a doenças nos 30 meses subsequentes. O estudo demonstrou que a tendência de que acontecimentos negativos na vida pessoal se traduzissem em faltas relacionadas com doença dependia de quanto o funcionário experimentara a justiça de processo antes de os eventos ocorrerem. Isto é, *não* ter sido tratado antes com justiça criava uma predisposição para faltar ao trabalho.

Às vezes, políticas corporativas dificultam a justiça de processo. O departamento jurídico pode desencorajar gestores a explicarem suas decisões, por exemplo, com base no fato de que revelar informações poderia deixar a companhia vulnerável a processos. A ideia é que é melhor não dizer nada a arriscar que a informação venha a prejudicar a organização no tribunal. Claro que o aconselhamento legal sobre o que comunicar é importante, porém não deveria levar a extremos desnecessários. É muito frequente empresas reterem informação (como alternativas ao corte de pessoal que tenham sido consideradas) quando sua revelação teria sido muito mais benéfica.

Advogados para questões médicas no Havaí, por exemplo, esboçaram um estatuto que permitiria que profissionais de saúde se desculpassem por erros médicos sem aumentar o risco de serem processados. Médicos muitas vezes evitam se desculpar por erros por temerem que admiti-los possa deixar seus pacientes com raiva e mais propensos a moverem ações por negligência médica. Na verdade, ocorre o contrário: pacientes que se sentem tratados desrespeitosamente movem *mais* ações por negligência médica do que os que acham que foram tratados com dignidade. Ao fazer com que pedidos de desculpas por erros médicos não sejam admitidos como argumentos em um processo, a lei permite aos médicos expressarem pesar sem a preocupação de que isso os prejudique no tribunal.

Gestores que acreditam resolutamente que conhecimento é poder talvez temam que um processo justo os enfraqueça. Afinal, se os funcionários tiverem voz na decisão de como as coisas devem ser feitas, quem vai precisar de um chefe? Os gestores às vezes correm o risco de perder poder quando envolvem outras pessoas na tomada de decisões. O mais comum, porém, é que a prática de processos justos aumente seu poder e sua influência. Quando funcionários acham que foram ouvidos no processo de tomada de decisões, é mais provável que apoiem – e não apenas concordem com – essas decisões, seus chefes e a organização como um todo.

O desejo de evitar situações desconfortáveis é outro motivo pelo qual gestores deixam de praticar a justiça de processo. Como sugeriu Robert Folger, da Universidade da Flórida Central, gerentes que planejam e implementam decisões duras frequentemente têm emoções conflitantes. Podem querer, movidos por simpatia, se aproximar das partes afetadas e explicar a ideia por trás da decisão, mas o desejo de evitá-las também é forte. Andy Molinsky, da Universidade Brandeis, e Joshua Margolis, da Harvard Business School, analisaram o motivo de gestores acharem tão difícil praticar males necessários (como demitir funcionários e ser portador de outras más notícias) com sensibilidade interpessoal, que é um elemento importante da justiça de processo. Líderes nessa situação precisam gerenciar os próprios dramas pessoais, inclusive sentimentos de culpa (por, digamos, ter tomado decisões estratégicas ruins, que levaram à necessidade de reduzir a equipe) e ansiedade (quanto a se têm sensibilidade interpessoal suficiente para realizar a tarefa com elegância). Em vez de lutar com essas emoções desconfortáveis, muitos gestores acham que é mais fácil se esquivar por completo da questão – e das pessoas afetadas por ela.

O "contágio emocional" também se manifesta nessas situações. Assim como costumamos rir quando vemos outros rindo, mesmo não sabendo por quê, também nos sentimos ansiosos ou tristes quando as pessoas ao redor estão assim – e isso é desconfortável. Não é de admirar que tantos gerentes evitem pessoas que estão sofrendo. Infelizmente, essa atitude faz com que seja muito improvável que eles pratiquem a justiça de processo.

Posso compreender como os gestores se sentem. Alguns anos atrás, eu estava trabalhando com uma empresa de telecomunicações após as primeiras demissões na história da companhia. O CEO e sua equipe de gerentes seniores quiseram que eu falasse aos gerentes de nível médio sobre como as demissões afetariam as pessoas que iam ficar e o que eles poderiam fazer para ajudar seus subordinados diretos a "superar aquilo". No entanto, sentindo-se traídos e temerosos, os gerentes de nível médio não estavam a fim de ajudar os outros a voltar a executar o trabalho normalmente. Eles me viram como parte do problema e deram a entender que eu era em parte responsável pela decisão de reduzir o tamanho da equipe. Esse foi para mim um verdadeiro momento de insight: ao tentar aconselhar esse grupo infeliz e desconfiado, entendi perfeitamente o desconforto que gestores experimentam quando são chamados a agir com compaixão com pessoas que se sentiam lesadas. Foi muito mais difícil do que eu esperava.

Os gerentes seniores da companhia admitiram que estavam tentados a evitar seus subordinados – em parte por culpa e em parte porque duvidavam de que seriam capazes de manter a cabeça fria o bastante para praticar a justiça de processo. É uma reação natural, mas ignorar as emoções negativas só os mantinha procrastinando por mais tempo. Quando os gerentes seniores se mostraram mais acessíveis para sua força de trabalho, os funcionários reagiram positivamente, e a organização desenvolveu uma renovada percepção de seu propósito.

Em direção a um processo justo

As empresas podem tomar diversas medidas para fazer do processo justo uma norma.

Considere as lacunas de conhecimento

Os gestores precisam ser advertidos sobre as emoções negativas que podem experimentar quando praticam um processo justo. O simples fato de saber que é legítimo sentir vontade de fugir da situação pode ajudá-los a resistir ao impulso de fazer isso. Estudos demonstraram que as pessoas suportam experiências negativas com mais facilidade quando as esperam. Assim como pacientes cirúrgicos previamente avisados experimentam menos dores pós-operatórias, gestores advertidos com antecedência podem ser mais capazes de lidar com suas emoções negativas – e assim não agir sob a influência delas.

Além disso, os gestores ficam mais propensos a suportar um processo difícil quando sabem que o esforço terá uma recompensa tangível. Porém não basta que eles estejam vagamente conscientes de que a justiça de processo economiza custos. Os executivos deveriam instruí-los quanto a todos os benefícios financeiros, usando gráficos e números, assim como fariam ao montar uma estratégia de negócios para outras importantes iniciativas da organização.

Invista em treinamento

Vários estudos demonstraram que o treinamento em processos justos pode fazer uma grande diferença. Subordinados de gestores treinados, por exemplo, não só têm menos tendência a roubar e a pedir demissão como também são mais propensos a irem além de sua obrigação, ajudando a orientar novos funcionários, dando assistência a supervisores em seus deveres e trabalhando horas extras. Diversos estudos feitos por Jerald Greenberg descobriram que funcionários cujos chefes passaram por treinamento em justiça de processo sofriam muito menos de insônia quando lidavam com condições estressantes no trabalho.

Daniel Sharlicki, da Saunder School of Business, da Universidade da Colúmbia Britânica, e Gary Latham, da Joseph L. Rotman School of

Management, da Universidade de Toronto, identificaram alguns fatores de um programa de treinamento efetivo em justiça de processo. Os participantes respondem melhor a uma orientação ativa do que a uma palestra sobre os benefícios de uma justiça de processo melhor. Por isso é particularmente eficaz dar às pessoas em treinamento instruções específicas quanto ao que precisam fazer e como devem fazê-lo, por exemplo, como detectar resistência a uma nova iniciativa estratégica. Depois que os participantes praticarem esses comportamentos, dê-lhes feedback e permita outra rodada de treinamento.

Há alguns anos, quando eu trabalhava com uma executiva de uma companhia prestadora de serviços públicos, notei que ela cometia um erro comum: não contava aos outros que tinha levado as opiniões deles seriamente em conta antes de tomar suas decisões, mesmo que tivesse feito isso. Eu a aconselhei a introduzir suas explicações dizendo com clareza que havia "refletido a fundo sobre a contribuição deles". Seis meses depois, ela me disse que meu conselho fora inestimável. Aprendera que não basta um executivo *ser* justo, ele também tem que ser *considerado* justo.

O treinamento é mais eficaz quando é ministrado em várias sessões, não de uma vez só. Por exemplo, um programa que teve sucesso consistia em uma sessão de duas horas por semana durante oito semanas, junto com tarefas de simulação. Desse modo, os participantes recebiam feedback dos instrutores durante as sessões de treinamento e, entre elas, de seus colegas. Como acontece com a maioria dos feedbacks construtivos, referir-se a comportamentos ("Você nunca explicou por que tomou esta decisão"), não a características ("Você pareceu condescendente"), demonstrou ser mais persuasivo.

Tanto o processo quanto o resultado do treinamento precisam ser comunicados aos participantes – mas não ao mesmo tempo. Antes de as sessões começarem, foque no resultado. É provável que os participantes se envolvam mais se lhes for dito que o programa os ajudará a obter o comprometimento de seus funcionários com a implementação de uma estratégia do que se lhes disserem que isso os ajudará a comunicar que consideraram os pontos de vista de outras pessoas. Durante o curso, no entanto, foque no processo. Pensar nos resultados esperados (por exemplo, eficácia na implementação de estratégias) pode desviar a atenção do estudo de aptidões práticas específicas das quais eles precisam (por exemplo, como envolver pessoas na tomada de decisões) para atingir os resultados desejados.

Por fim, é importante que as pessoas em treinamento mantenham expectativas otimistas e também realistas. Mais uma vez, é útil ter sempre em mente a distinção entre resultado e processo. Você pode criar otimismo focando nos resultados: mencionar o desenvolvimento positivo das pessoas que já passaram pelo treinamento pode ajudar os participantes a encarar positivamente as próprias chances de crescimento. E você pode injetar realismo focando no processo: a mudança de comportamento é difícil e quase nunca segue um percurso linear. Os participantes não devem esperar melhorar imediatamente no item justiça de processo; porém, se continuarem a trabalhar nisso, vão melhorar. Sugiro que perguntem a si mesmos três meses após o programa se estão, em média, praticando mais a justiça de processo do que estavam antes. Realizar exames de conduta retroativos também ajuda os gestores a continuar aprimorando suas aptidões muito tempo depois que as sessões de treinamento foram encerradas.

Atribua à justiça de processo uma alta prioridade

Como a maior parte dos comportamentos gerenciais, a justiça de processo deve começar de cima. Quando gerentes seniores explicam por que tomaram certas decisões estratégicas, se tornam acessíveis para uma honesta comunicação de mão dupla com seus subordinados, os envolvem nas tomadas de decisões, dão notícias de mudanças com grande antecedência e tratam as preocupações das pessoas com respeito, a prática da justiça de processo provavelmente vai se propagar pelo restante da organização.

Ao praticar a justiça de processo, a gerência sênior faz mais do que transmitir valores organizacionais; também envia uma mensagem sobre a "arte do possível". É mais provável que pessoas tentem atacar desafios difíceis quando veem outros que respeitam fazendo isso.

Numa empresa que tentava implementar uma reestruturação muito necessária, executivos seniores serviram de fato como modelos de atuação, não só descrevendo os sentimentos ambivalentes que tinham quanto à prática da justiça de processo como articulando o processo pelo qual passaram para enfim se convencerem a praticá-la. A mensagem que enviaram foi que era legítimo que gestores tivessem dúvidas, mas que, no final, as razões em favor da prática da justiça de processo deviam prevalecer.

Além de agir como modelos, os gerentes seniores transmitem o valor que atribuem à justiça de processo ao fazerem de sua prática um tema legítimo de conversa em toda a organização. Por exemplo, trabalhei com uma companhia que escolhia o funcionário do mês com base tanto nas aptidões para a justiça de processo quanto nos resultados financeiros. Outras organizações concediam aumento aos gestores em parte em função de um feedback sobre como planejavam e implementavam decisões, no qual percepções quanto à justiça de processo eram muito relevantes.

Escândalos corporativos recentes demonstram que dar à força de trabalho diretivas que só consideram o resultado final ("Não me importa como você vai conseguir isso, apenas consiga") pode ser desastroso. Organizações visionárias se importam não só com os resultados obtidos por seus gestores, mas também com a justiça do processo que eles usam para obtê-los. Isso não é um chamado ao microgerenciamento. Assim como comumente existe mais de um modo de produzir resultados financeiros, há mais de um modo de envolver pessoas em tomadas de decisões, de comunicar por que certas ações estão sendo adotadas e expressar consideração e preocupação.

Há um imperativo moral para que empresas pratiquem a justiça de processo. Para dizer de forma simplista, é a coisa certa a fazer. Dessa forma, a justiça de processo é responsabilidade de todos os gestores, em todos os níveis e em todas as funções; não pode ser delegada aos recursos humanos. Mas junto com essa responsabilidade moral vem a oportunidade para negócios. Um executivo deve minimizar os custos de decisões que podem ameaçar funcionários e maximizar os benefícios de decisões que podem criar oportunidades para eles. Nas duas situações, praticar a justiça de processo o ajudará a conseguir isso. Quanto mais cedo você se der conta disso, melhor será para você e sua empresa.

Publicado originalmente em março de 2006.

4

Por que bons líderes tomam decisões ruins

Andrew Campbell, Jo Whitehead e Sydney Finkelstein

A TOMADA DE DECISÕES ESTÁ NO CERNE DE NOSSA vida pessoal e profissional. Todos os dias tomamos decisões. Algumas são pequenas e inócuas. Outras são mais importantes, afetam a vida, a subsistência e o bem-estar de muitas pessoas. É inevitável que cometamos erros ao longo do caminho. A assustadora realidade é que decisões de extrema importância tomadas por pessoas inteligentes, responsáveis, bem informadas e com a melhor das intenções são às vezes irremediavelmente falhas.

Considere o caso de Jürgen Schrempp, que foi CEO da Daimler-Benz. Ele liderou a fusão da Chrysler com a Daimler, enfrentando a oposição interna. Nove anos depois, a Daimler foi praticamente obrigada a dar a Chrysler de presente num acordo de *private equity*. Steve Russell, diretor-executivo da Boots, uma cadeia de drogarias no Reino Unido, lançou uma estratégia de prover assistência médica que visava a diferenciar suas lojas das dos competidores e crescer mediante a prestação de serviços de saúde, como odontologia. No entanto, os gerentes da Boots não tinham as aptidões necessárias para ter sucesso em serviços de assistência médica, e muitos desses mercados tinham pouco potencial de lucro. A estratégia contribuiu para a saída prematura de Russell de seu elevado cargo. O general de brigada Matthew Broderick, chefe do Centro de Operações de Segurança Doméstica, responsável por alertar o presidente Bush e outros altos funcionários do governo se o furacão Katrina rompesse os diques em Nova Orleans, foi para casa na segunda-feira, dia 29 de agosto de 2005, depois de relatar que os diques pareciam estar resistindo, apesar de múltiplos relatos de rompimentos.

Todos esses executivos eram altamente qualificados para seus cargos e ainda assim tomaram decisões que em pouco tempo se revelaram erradas. Por quê? E, mais importante, como podemos evitar cometer erros semelhantes? Esse é o tema que temos explorado nos últimos quatro anos, e essa jornada nos levou a pesquisas na área da neurociência da decisão. Começamos reunindo dados de 83 decisões que consideramos terem sido falhas na época em que foram tomadas. Com base em nossa análise desses casos, concluímos que decisões falhas têm início com erros de julgamento cometidos por indivíduos influentes. Logo, precisamos compreender como esses equívocos ocorrem.

Nas próximas páginas, descreveremos as condições que possibilitam erros de julgamento e exploraremos maneiras de as organizações se protegerem no processo de tomada de decisões para reduzir o risco de enganos. Vamos concluir demonstrando como duas companhias de primeira linha aplicaram a abordagem descrita. Para contextualizar tudo isso, no entanto, precisamos antes compreender de que maneira o cérebro humano forma seus julgamentos.

Como o cérebro prega peças

Dependemos de dois processos fisicamente conectados para a tomada de decisões. Nosso cérebro avalia o que está acontecendo usando o reconhecimento de padrões, e reagimos a essa informação – ou a ignoramos – por causa das associações emocionais armazenadas em nossa memória. Os dois processos são confiáveis; são parte de nossa vantagem evolutiva. Porém, em certas circunstâncias, ambos podem nos decepcionar.

> ## Em resumo
>
> - Líderes tomam decisões em grande parte segundo processos inconscientes que neurocientistas chamam de reconhecimento de padrões e associação emocional. Esses processos geralmente levam a decisões efetivas e rápidas, mas elas podem ser distorcidas por interesses próprios, ligações emocionais ou memórias enganosas.
>
> - Gestores precisam encontrar formas sistemáticas de reconhecer a origem de um viés – o que os autores chamam de "condições de bandeira vermelha" – e então projetar medidas de proteção que introduzam mais análise, um debate mais amplo ou um controle maior.
>
> - Ao usar a abordagem descrita neste artigo, as empresas evitarão muitas decisões erradas produzidas pela maneira como nosso cérebro funciona.

O *reconhecimento de padrões* é um processo complexo que integra informações de 30 partes diferentes do cérebro. Diante de uma nova situação, fazemos suposições com base em experiências e julgamentos anteriores. Assim, um mestre do xadrez é capaz de analisar um jogo e escolher um movimento de alta qualidade em apenas 6 segundos, usando padrões que já tenha visto antes. Mas o reconhecimento de padrões também pode nos enganar. Quando lidamos com situações aparentemente familiares, nosso cérebro pode nos fazer pensar que nós as compreendemos quando isso não é verdade.

O que aconteceu com Matthew Broderick durante o furacão Katrina é instrutivo. Broderick estivera envolvido em ações militares em centros de operações no Vietnã e tinha liderado o Centro de Operações de Segurança Doméstica durante outros furacões. Essas experiências lhe ensinaram que relatos iniciais em torno de um evento importante quase sempre são falsos: é melhor esperar pela "verdade empírica" de uma fonte confiável antes de agir. Infelizmente, ele não tinha experiência com um furacão atingindo uma cidade construída abaixo do nível do mar.

Na prática

Líderes tomam decisões rápidas ao reconhecerem padrões na situação com que deparam, fortalecidos por associações emocionais relacionadas a esses padrões. Na maior parte do tempo, o processo funciona bem, mas pode resultar em erros graves quando os julgamentos são tendenciosos.

Exemplo: Quando a Wang Laboratories lançou seu computador pessoal, o fundador An Wang optou por criar um sistema operacional próprio, apesar de o IBM PC ter se tornado claramente o padrão. Esse erro grosseiro foi influenciado por sua crença em que a IBM o havia enganado no início de sua carreira, o que o fez relutar em considerar o uso de um sistema ligado a um produto da IBM.

Para se proteger de uma decisão distorcida e fortalecer o processo de tomada de decisão, busque a ajuda de alguém imparcial para identificar quais tomadores de decisão são propensos a serem afetados por interesses próprios, ligações emocionais ou memórias enganosas.

Exemplo: A gestora prestes a ser promovida a chefe de um negócio de cosméticos numa empresa indiana considerou indicar uma colega para ser sua sucessora. Mas reconheceu que seu julgamento poderia ser distorcido por sua ligação com ela e por seu interesse de manter a carga de trabalho baixa durante a transição. A executiva pediu então a um *head hunter* que avaliasse a colega e determinasse se era possível achar externamente candidatos melhores.

Se o risco de decisões distorcidas é alto, as empresas precisam adotar medidas de proteção no processo de decisão, como expor os tomadores de decisão a experiência e análise adicionais, levantar mais debates e oportunidades para desafios e adicionar supervisão.

Exemplo: Ao ajudar o CEO a tomar uma decisão estratégica importante, o presidente de uma companhia química global incentivou-o a

> procurar o conselho de um banco de investimentos, montar uma equipe de projeto para analisar opções e criar um comitê orientador que incluiria o presidente e o diretor financeiro para tomar a decisão.

No fim do dia 29 de agosto, cerca de 12 horas depois de o furacão ter atingido Nova Orleans, havia 17 relatos de grandes inundações e rompimentos de diques. Mas Broderick também recebera informações conflitantes. O Corpo de Engenheiros do Exército alertara que não havia evidência de rompimento de diques, e no fim da tarde uma reportagem da CNN, feita em Bourbon Street, no French Quarter, exibira moradores da cidade celebrando e gritando que o pior tinha passado. O processo de reconhecimento de padrões de Broderick lhe disse que esses relatos contrários eram a verdade empírica que ele estava buscando. Assim, antes de ir para casa dormir, ele emitiu um relatório da situação declarando que os diques não tinham se rompido, mas acrescentando que seria necessário fazer outra avaliação no dia seguinte.

A *associação emocional* é o processo pelo qual a informação emocional se liga a pensamentos e experiências armazenados em nossas memórias. Essa informação emocional nos diz se é para prestar ou não atenção em alguma coisa e nos informa que tipo de ação deveríamos considerar (imediata ou adiada, fuga ou luta). Quando as partes de nosso cérebro que controlam as emoções estão danificadas, podemos ver como a associação emocional é importante: a pesquisa neurológica demonstra que nos tornamos tomadores de decisão lentos e incompetentes mesmo que consigamos manter a capacidade de análise objetiva.

Assim como o reconhecimento de padrões, a associação emocional nos ajuda a chegar a decisões sensíveis na maior parte do tempo. Mas isso, também, pode nos enganar. Veja o caso da Wang Laboratories, a companhia de primeira linha na indústria de processamento de texto no início da década de 1980. Reconhecendo que o futuro da empresa estava ameaçado pelo surgimento do computador pessoal, o fundador An Wang construiu uma máquina para competir nesse setor. Infelizmente, decidiu criar um sistema operacional próprio, embora o IBM PC estivesse se tornando o padrão dominante na indústria. Esse erro grosseiro, que contribuiu para a demissão de Wang alguns anos depois, foi muito influenciado pelo fato de Wang não gostar da IBM. Ele acreditava ter sido trapaceado pela empresa no início da carreira, quando inventara uma nova tecnologia. Esse sentimento o fez rejeitar uma plataforma de software associada a um produto da IBM, mesmo que a plataforma fosse fornecida por um terceiro, a Microsoft.

Por que o cérebro não identifica e corrige esses erros? A razão mais óbvia é que muito do trabalho mental que fazemos é inconsciente. Isso torna difícil checar os dados e a lógica que usamos quando tomamos uma decisão. Geralmente, só localizamos *bugs* em nosso software pessoal quando vemos os resultados de nossos erros de julgamento. Matthew Broderick descobriu tarde demais que sua regra básica para a verdade empírica era uma resposta inadequada ao furacão Katrina. An Wang só percebeu que sua preferência por um software próprio era um erro depois que seu computador pessoal fracassou no mercado.

Um dos componentes do problema dos altos níveis de pensamento inconsciente é a falta de verificações e ponderações em nossa tomada de decisão. Nosso cérebro não segue naturalmente o modelo clássico descrito nos livros: dispor as opções, definir os objetivos e avaliar cada opção em relação a cada objetivo. Em vez disso, analisamos a situação usando o reconhecimento de padrões e chegamos à decisão de agir ou não de acordo com nossas associações emocionais. De fato, como demonstra a pesquisa do psicólogo Gary Klein, nosso cérebro salta para as conclusões e reluta em considerar alternativas. Além disso, somos particularmente ruins no ato de revisitar nossa avaliação inicial de uma situação – nosso primeiro enquadramento.

Um exercício que realizamos com frequência na Ashridge Business School demonstra como é difícil desafiar esse enquadramento inicial. Damos aos estudantes um caso em que uma nova tecnologia é uma boa oportunidade de negócio. Frequentemente, a equipe trabalha muitas horas antes de desafiar esse enquadramento e começar, de modo acertado, a ver como a nova tecnologia é uma grande ameaça à posição dominante da companhia no mercado. Mesmo que o modelo financeiro calcule consistentemente resultados negativos com o lançamento da nova tecnologia, algumas equipes nunca desafiam o enquadramento original e acabam propondo investimentos agressivos.

Levantando a bandeira vermelha

Ao analisar o que leva bons líderes a fazerem maus julgamentos, descobrimos que, em todos os casos, eles eram afetados por três fatores que ou distorciam suas associações emocionais ou os estimulavam a enxergar um padrão falso. Chamamos esses fatores de "condições de bandeira vermelha".

A primeira e mais comum bandeira vermelha, *a presença de inadequado interesse próprio*, geralmente distorce a importância emocional que damos à informação, o que, por sua vez, nos predispõe a enxergar apenas os padrões que queremos. A pesquisa demonstrou que mesmo profissionais bem-intencionados, como médicos e auditores, são incapazes de evitar que interesses próprios influenciem seus julgamentos de qual remédio prescrever ou que opinião dar durante uma auditoria.

A segunda condição, um pouco menos comum, é a *presença de ligações distorcivas*. Podemos nos conectar a pessoas, lugares e coisas, e essas ligações podem afetar os julgamentos que fazemos tanto da situação que enfrentamos quanto das ações adequadas a serem adotadas. A relutância que executivos às vezes demonstram para vender uma unidade na qual trabalharam capta bem o poder de ligações inadequadas.

A última condição de bandeira vermelha é a *presença de memórias enganosas*. São memórias que parecem relevantes e comparáveis à situação atual, mas que conduzem nosso pensamento pelo caminho errado. Podem fazer com que ignoremos ou subestimemos alguns importantes fatores de diferenciação, como fez Matthew Broderick ao dar pouca atenção às implicações de quando um furacão atinge uma cidade abaixo do nível do mar. A probabilidade de ser enganado por memórias é intensificada por quaisquer associações emocionais que tenhamos aplicado a uma experiência anterior. Se nossas decisões numa experiência semelhante funcionaram bem, estaremos mais propensos a desconsiderar diferenças cruciais.

Foi o que aconteceu a William Smithburg, ex-presidente da Quaker Oats. Ele comprou a Snapple por causa de suas vívidas lembranças da Gatorade, a negociação mais bem-sucedida da Quaker. A Snapple, como a Gatorade, parecia ser uma nova empresa de bebidas que poderia ser melhorada com as habilidades de marketing e gerenciamento da Quaker.

Infelizmente, as semelhanças entre a Snapple e a Gatorade provaram-se superficiais, o que significa que a Quaker acabou perdendo, não criando, valor. De fato, a Snapple foi o pior negócio de Smithburg.

Claro que parte do que estamos dizendo é de conhecimento geral: as pessoas são tendenciosas e é importante gerenciar as decisões de modo a manter esses vieses de fora. Muitos líderes experientes já fazem isso. Mas o que estamos alegando aqui é que, dada a maneira como nosso cérebro funciona, não podemos deixar aos líderes a missão de localizar e se proteger dos próprios erros de julgamento. Para decisões importantes, precisamos de um método deliberado e estruturado para identificar prováveis fontes de vieses – as condições de bandeira vermelha – e precisamos fortalecer o processo de tomada de decisão do grupo.

Considere a situação enfrentada por Rita Chakra, chefe do negócio de cosméticos da Chouldry Holdings (os nomes de empresas e pessoas citados neste exemplo e nos próximos foram mudados). Ela foi promovida a chefe da divisão de produtos ao consumidor e precisava decidir se promovia uma colega para sua vaga ou se recrutava alguém de fora. Podemos antecipar algumas possíveis bandeiras vermelhas nessa decisão? Sim, suas associações emocionais talvez não fossem confiáveis por causa de uma ligação distorciva que poderia ter com a colega, ou um interesse próprio de manter baixa sua carga de trabalho enquanto mudava de função. Claro que não sabemos com certeza se Rita sentia essa ligação ou tinha esse interesse. E como grande parte da tomada de decisão é inconsciente, tampouco Rita saberia. O que sabemos é que há um risco. Assim, como Rita deveria se proteger, ou como sua chefe poderia ajudá-la a se proteger?

A resposta simples é: envolvendo outra pessoa – alguém que não tenha ligações inadequadas nem interesse próprio. Poderia ser a chefe de Rita, o gerente de recursos humanos, um *head hunter* ou um colega no qual confiasse. Essa pessoa poderia desafiar o pensamento dela, obrigá-la a rever sua lógica, incentivá-la a considerar opções e talvez até defender uma solução que ela considerasse desconfortável. Felizmente, nessa situação, Rita já estava consciente de algumas condições de bandeira vermelha, e por isso tinha envolvido um *head hunter* para ajudá-la a avaliar sua colega e candidatos externos. No fim, Rita promoveu a colega, mas só depois de ter verificado que seu julgamento não fora distorcido por seus vieses.

Encontramos muitos líderes que entendem intuitivamente que seu pensamento, ou o pensamento de seus colegas, pode ser distorcido. Mas poucos fazem isso de forma estruturada e, como resultado, muitos deixam de se proteger contra decisões ruins. Vejamos agora algumas empresas que abordaram de modo sistemático o problema da existência de vieses na decisão, reconhecendo e reduzindo o risco apresentado por condições de bandeira vermelha.

Proteção contra seus vieses

Uma multinacional europeia que vamos chamar de Global Chemicals tinha uma divisão com baixo desempenho. A equipe de gerenciamento encarregada da divisão tinha prometido duas vezes virar o jogo e não conseguira cumprir a promessa. O CEO, Mark Thaysen, estava considerando opções.

A divisão era parte da estratégia de Thaysen para crescer. Tinha sido montada durante os cinco anos anteriores mediante duas aquisições grandes e quatro menores. Thaysen conduzira as duas aquisições maiores e nomeara os gerentes que estavam lutando para melhorar o desempenho. O presidente do conselho supervisor, Olaf Grunweld, decidiu considerar se a avaliação de Thaysen quanto à divisão com baixo desempenho poderia ser tendenciosa e, se fosse, como poderia ajudar. Grunweld não estava tentando adivinhar como Thaysen pensava. Estava apenas alerta à possibilidade de que as opiniões do CEO estivessem sendo distorcidas.

Grunweld começou procurando identificar condições de bandeira vermelha. (Para uma descrição do processo de identificação de bandeiras vermelhas, veja o quadro Identificando bandeiras vermelhas, na página 76.) Thaysen tinha criado a divisão que estava com baixo desempenho e sua ligação com ela poderia tê-lo feito relutar em abandonar a estratégia ou a equipe que havia escalado. Além disso, como no passado ele tinha apoiado com sucesso os gerentes locais durante uma difícil virada de jogo em outra divisão, Thaysen corria o risco de enxergar o padrão errado e, inconscientemente, favorecer a ideia de que, mesmo naquela situação, era necessário um suporte contínuo. Alertado assim para possíveis ligações capazes de distorcer o julgamento de Thaysen e para possíveis memórias enganosas,

Grunweld considerou três tipos de proteção para fortalecer o processo de tomada de decisão.

Injetar nova experiência ou análise

Frequentemente você pode contrapor vieses expondo o tomador de decisão a novas informações e a uma abordagem diferente do problema. Nesse caso, Grunweld pediu a um banco de investimentos que dissesse a Thaysen a quantia que a companhia poderia obter vendendo a divisão com baixo desempenho. Grunweld achou que isso incentivaria Thaysen a pelo menos considerar aquela opção – medida que Thaysen poderia acabar desconsiderando se tivesse ficado ligado demais à unidade ou a sua equipe de gerenciamento.

Introduzir mais debates e desafios

Esta medida de proteção é capaz de assegurar que os vieses sejam enfrentados explicitamente. Funciona melhor quando a estrutura de poder do grupo que debate a questão é equilibrada. Embora o diretor financeiro de Thaysen fosse um indivíduo forte, Grunweld achou que os outros membros do grupo executivo seguiriam a liderança de Thaysen sem desafiá-lo. Além disso, o chefe da divisão com baixo desempenho era membro do grupo executivo, o que dificultava um debate aberto. Assim, Grunweld propôs a criação de um comitê orientador, formado por ele mesmo, Thaysen e o diretor financeiro. Mesmo que Thaysen pressionasse por uma determinada solução, Grunweld e o diretor financeiro iam assegurar que o raciocínio dele fosse questionado e debatido. Grunweld também sugeriu que Thaysen montasse uma pequena equipe de projeto, liderada pelo chefe de estratégia, para analisar todas as opções e apresentá-las ao comitê orientador.

Impor um forte controle

A exigência de que uma decisão seja ratificada num nível mais elevado oferece uma proteção final. Um forte controle não elimina um pensamento distorcido, mas pode evitar que as distorções levem a um resultado negativo. Na Global Chemicals, a camada de controle era o conselho supervisor. Grunweld constatou, no entanto, que sua objetividade poderia ser comprometida por ele fazer parte tanto do conselho quanto do comitê orientador. Por isso pediu a dois de seus colegas de conselho que argumentassem contra uma proposta oriunda do comitê orientador caso se sentissem incomodados.

No fim, o comitê orientador propôs a venda imediata da divisão, decisão que foi aprovada pelo conselho. O valor recebido foi bem acima das expectativas, o que convenceu a todos de que fora a melhor opção.

O presidente da Global Chemicals assumira o papel de protagonista no projeto do processo de decisão. Isso foi apropriado, considerando a importância da medida. Porém muitas decisões são tomadas no nível operacional, em que o envolvimento direto do CEO não é factível nem desejável. Foi o que aconteceu na Southern Electric, divisão de uma grande empresa prestadora de serviços públicos nos Estados Unidos. A Southern consistia em três unidades operacionais e duas poderosas funções. Mudanças regulatórias recentes implicavam que os preços não podiam ser aumentados, e talvez até caíssem. Assim, os dirigentes buscavam caminhos para o corte de despesas.

O chefe de divisão Jack Williams reconhecia que os gerentes também eram avessos a riscos, preferindo substituir equipamentos quanto antes pelos mais avançados disponíveis. Isso, ele percebeu, era resultado de alguns importantes colapsos no passado, que tinham exposto as pessoas tanto às reclamações dos clientes quanto à crítica dos colegas. Williams acreditava que as associações emocionais associadas a essas experiências talvez estivessem distorcendo o julgamento dos gerentes.

O que poderia ser feito para se contrapor a esses efeitos? Williams rejeitava a ideia de um forte controle; achava que nem sua equipe de gerentes nem os executivos da companhia mãe sabiam o bastante para fazer o serviço com credibilidade. Também rejeitava análise adicional, porque a análise da Southern já era bem rigorosa. Concluiu que precisava achar um modo de introduzir mais debate no processo de decisão e possibilitar que as pessoas que compreendiam os detalhes desafiassem aquela linha de pensamento.

Sua primeira ideia foi envolver a si mesmo e o chefe de finanças nos debates, mas ele não dispunha de tempo para considerar o mérito de centenas de projetos e não compreendia os detalhes bem o bastante para questionar decisões com mais antecedência do que já vinha fazendo, no estágio final de aprovação. Williams por fim decidiu que os chefes de unidade e de

Identificando bandeiras vermelhas

Bandeiras vermelhas são úteis apenas quando podem ser localizadas antes que se tome uma decisão. Como reconhecê-las em situações complexas? Desenvolvemos o seguinte processo em sete etapas:

1. **Exponha o maior número possível de opções.** Nunca é possível listar todas, mas em geral é útil anotar as mais extremas. Isso fornece limites para a decisão.

2. **Liste os principais tomadores de decisão.** Quem vai ter influência no julgamento e na escolha final? Pode haver uma ou duas pessoas envolvidas; mas também pode haver 10 ou mais.

3. **Escolha um tomador de decisão no qual focar.** Em geral é melhor começar com a pessoa mais influente. Depois identifique condições de bandeira vermelha que possam distorcer o pensamento dessa pessoa.

4. **Verifique se há interesses pessoais inadequados ou ligações que causem distorção.** Alguma opção pode ser particularmente atraente ou desinteressante para o tomador de decisão por conta de interesses pessoais ou ligações com pessoas, lugares ou coisas? Algum desses interesses ou ligações entra em conflito com os objetivos das principais partes interessadas?

5. **Verifique se há memórias enganosas.** Quais são as incertezas que cercam essa decisão? Para cada área de incerteza considere se o tomador de decisão pode se basear em memórias potencialmente enganosas. Pense em experiências passadas capazes de levar a equívocos, sobretudo as que têm fortes associações emocionais. Pense também em julgamentos anteriores que poderiam ser inadequados na situação atual.

6. **Repita a análise com a pessoa que é a segunda mais influente.** Num caso complexo, talvez seja necessário considerar muito mais pessoas, e o processo pode revelar uma longa lista de possíveis bandeiras vermelhas.

7. **Reveja a lista de bandeiras vermelhas que você identificou** e determine se a eficiência normal dos processos cerebrais de reconhecimento de padrões e de associação emocional pode ser influenciada por tendências a favor ou contra algumas opções. Se assim for, ponha em ação uma ou mais medidas de proteção.

função questionariam uns aos outros, com a ajuda de um consultor. Em vez de impor o processo a seus gerentes, Williams preferiu compartilhar com eles suas ideias. Usando a linguagem das bandeiras vermelhas, foi capaz de fazê-los ver o problema sem que eles se sentissem ameaçados. A nova abordagem foi muito bem-sucedida. A meta de reduzir as despesas foi alcançada com margem para economizar e sem que Williams tivesse que tomar sozinho uma decisão tão difícil.

Agora compreendemos melhor como o cérebro funciona e somos capazes de antecipar as circunstâncias nas quais os erros de julgamento podem ocorrer e nos proteger contra eles. Assim, em vez de se apoiar na sabedoria de presidentes experientes, na humildade de CEOs ou nas verificações e nos balanços habituais, instamos todos os envolvidos em decisões importantes a considerar explicitamente se existem bandeiras vermelhas e, caso existam, insistir em medidas de proteção adequadas. Decisões que não envolvem bandeiras vermelhas precisam de menos verificações e balanços e, com isso, menos burocracia. Alguns dos recursos podem então ser dedicados a resguardar as decisões de maior risco com proteções mais invasivas e robustas.

Publicado originalmente em fevereiro de 2009.

5

Construindo a inteligência emocional de grupos

Vanessa Urch Druskat e Steven B. Wolff

QUANDO OS GESTORES COMEÇARAM A OUVIR FALAR do conceito de inteligência emocional pela primeira vez, na década de 1990, seus olhos se abriram. A mensagem básica – a eficácia nas organizações tem, no mínimo, tanto a ver com QE (quociente emocional) quanto com QI (quociente de inteligência) – ressoou profundamente; era algo que as pessoas sabiam por instinto, mas que nunca tinham visto ser tão bem articulado. Mais importante: a ideia tinha potencial para uma mudança positiva. Em vez de ficarem empacadas naquilo que vinham fazendo, as pessoas poderiam tomar medidas para aumentar sua inteligência emocional e se tornarem mais eficazes no trabalho e na vida pessoal.

De fato, o conceito de inteligência emocional teve um impacto real. O único problema é que até então a inteligência emocional tinha sido considerada apenas uma competência individual, quando na realidade a maior parte do trabalho em organizações é feito por equipes. E se gerentes têm hoje uma necessidade premente, é a de encontrar meios de fazer as equipes trabalharem melhor.

É, portanto, com grande satisfação que compartilhamos as descobertas de nossa pesquisa: a inteligência emocional individual tem uma análoga de grupo, e é igualmente crucial para a eficácia coletiva. Equipes podem desenvolver uma inteligência emocional maior e, ao fazer isso, aumentar seu desempenho total.

Por que as equipes deveriam construir sua inteligência emocional?

Ninguém contestará a importância de fazer com que equipes trabalhem com mais eficácia. Mas a maioria das pesquisas sobre como fazer isso se concentrou em identificar os processos de realização de tarefas que distinguem as equipes mais bem-sucedidas – isto é, especificando a necessidade de cooperação, participação, comprometimento com metas, etc. Parece haver a suposição de que, uma vez identificados, esses processos podem simplesmente ser imitados por outras equipes, com efeitos semelhantes. Isso não é verdade. Por analogia, pense desta maneira: é possível ensinar um aluno de piano a tocar o Minueto em Sol, mas ele não se tornará um Bach dos tempos modernos se não conhecer teoria musical e não for capaz de tocar com emoção. Da mesma forma, a verdadeira fonte de sucesso de uma equipe está nas condições fundamentais que favorecem processos eficazes para a realização das tarefas – e isso faz com que os membros da equipe se envolvam com eles com entusiasmo.

Nossa pesquisa nos diz que três condições são essenciais para a eficiência de um grupo: confiança entre seus membros, sentimento de identidade de grupo e senso de eficácia de grupo. Quando essas condições estão ausentes, ainda é possível haver cooperação e participação, mas a equipe não será tão eficaz quanto poderia, porque seus membros vão preferir se conter e não se engajar por completo. Para ser mais eficaz, a equipe precisa criar normas de inteligência emocional – as atitudes e os comportamentos que posteriormente se tornarão hábitos – que dão suporte a comportamentos que construam confiança, identidade e eficácia de grupo. O resultado é o

> ## Em resumo
>
> Como a IDEO, renomada firma de desenho industrial, garante que suas equipes produzam consistentemente os produtos mais inovadores sob forte pressão de prazo e orçamento? Focando a **inteligência emocional** de suas equipes – essa poderosa combinação de habilidades de autogestão e de relacionamento com os outros.
>
> Muitos executivos percebem que o QE (quociente emocional) é tão crucial quanto o QI (quociente de inteligência) para a eficácia do indivíduo. No entanto, a inteligência emocional *de grupos* pode ser ainda mais importante, já que a maior parte do trabalho é feita em equipe.
>
> A inteligência emocional de um grupo não é apenas a soma da de seus membros. Em vez disso, ela provém de normas que dão apoio à consciência e à regulação de emoções dentro e fora da equipe. Essas normas constroem confiança, identidade de grupo e senso de eficácia. Os membros sentem que trabalham melhor *juntos* do que individualmente.
>
> Normas de inteligência emocional de grupo constroem o fundamento para a colaboração e a cooperação verdadeiras – ajudando equipes talentosas a atingir seu mais alto potencial.

total engajamento nas tarefas. (Para mais informações sobre como a inteligência emocional influencia essas condições, veja o quadro Um modelo de eficácia de equipe, na página 84.)

Três níveis de interação emocional

Não se engane: uma equipe com membros emocionalmente inteligentes não é necessariamente um grupo emocionalmente inteligente. Uma equipe, como qualquer grupo social, assume caráter próprio. Assim, a criação de uma escalada de confiança, identidade e eficácia de grupo, capaz de se retroalimentar, requer mais do que alguns membros com alta inteligência emocional. É preciso uma atmosfera de equipe na qual as normas influenciam emoções de modo construtivo e constroem a capacidade emocional (aptidão para responder de modo positivo a situações desconfortáveis).

A inteligência emocional de equipe é mais complicada do que a individual porque equipes interagem em mais níveis. Para compreender as diferenças, consideremos primeiro o conceito de inteligência emocional individual apresentado por Daniel Goleman. Em seu livro *Inteligência emocional*, Goleman explica as principais características de quem tem IE: a pessoa é *consciente* das emoções e é capaz de *regulá-las*, para si mesma e para *fora*, para os outros. "Competência pessoal", nas palavras de Goleman, é a qualidade de se ter consciência das próprias emoções e de regulá-las. "Competência social" é a consciência e a regulação das emoções dos outros.

Um grupo, no entanto, precisa levar em conta mais um nível de consciência e regulação. Deve estar consciente das emoções de seus membros, das próprias emoções como grupo e das emoções de outros grupos e indivíduos para além dele.

Neste artigo vamos explorar como a incompetência emocional em qualquer desses níveis pode causar disfunção. Demonstraremos também como o estabelecimento de normas específicas de grupo que criam consciência e regulação da emoção nesses três níveis pode levar a resultados melhores. Primeiro, vamos focar o nível individual – como grupos emocionalmente inteligentes trabalham as emoções de cada um de seus membros. Em seguida, vamos focar o nível de grupo. E, por fim, vamos considerar o nível que cruza as fronteiras do grupo.

Trabalhando com as emoções dos indivíduos

Jill Kasper, chefe do departamento de atendimento ao consumidor de sua empresa, foi naturalmente indicada a se juntar a uma equipe interfuncional focada em melhorar a experiência do consumidor: ela tem vasta experiência e verdadeira paixão pelo atendimento. Mas seus colegas de equipe acham que ela tem uma postura ruim durante as reuniões. Em uma sessão de brainstorming Jill fica em silêncio, de braços cruzados, revirando os olhos. Sempre que a equipe começa a se entusiasmar com uma ideia, ela inicia um relato detalhado de como uma ideia parecida não dera em nada no passado. O grupo está confuso: esta é a estrela do serviço ao consumidor de quem tinham ouvido falar? Começam a perceber que Jill se sente insultada pela formação

Na prática

Para construir as bases para a inteligência emocional, um grupo deve estar consciente e construtivamente regular as emoções de:

- membros da equipe;
- todo o grupo;
- outros grupos-chave com os quais interage.

Como? Estabelecendo normas de IE – regras para o comportamento que são introduzidas por líderes do grupo, por treinamento ou pela mais ampla cultura organizacional. Aqui estão alguns exemplos de normas da IDEO – e como se mostram na prática:

Emoções de...	Para aprimorar a consciência...	Para regular...	Exemplos da IDEO
Membros da equipe	Compreenda as origens do comportamento individual e tome medidas quanto a comportamentos problemáticos. Incentive todos os membros do grupo a compartilhar suas expectativas antes de tomar decisões.	Administre confrontos de modo construtivo. Se membros da equipe ficarem aquém das expectativas, converse com eles, fazendo-os saber que o grupo precisa deles. Tratem bem uns aos outros – perceba quando alguém estiver chateado; demonstre consideração e respeito.	Consciência: Um líder de projeto nota a frustração de um designer quanto a uma decisão de marketing e dá início a negociações para resolver a questão. Regulação: Durante sessões de brainstorming, participantes bombardeiam os colegas com brinquedos macios quando eles julgam ideias prematuramente.
Todo o grupo	Avalie regularmente as forças, as fraquezas e os modos de interação do grupo. Convide clientes, colegas e fornecedores a fazerem análises realistas.	Crie estruturas que permitam ao grupo expressar suas emoções. Cultive um ambiente positivo. Estimule formas proativas de resolver problemas.	Consciência: Equipes trabalham junto aos consumidores para determinar o que precisa ser aprimorado. Regulação: Brinquedos espalhados pelo escritório divertem as pessoas e aliviam o estresse.

Emoções de...	Para aprimorar a consciência...	Para regular...	Exemplos da IDEO
Outros grupos-chave	Defina membros do grupo como elementos de ligação com departamentos externos.	Desenvolva relacionamentos além das fronteiras do grupo, para ganhar a confiança de quem está de fora.	Regulação: A IDEO construiu um relacionamento tão bom com um fabricante externo que pôde pedir sua ajuda durante uma crise – no fim de semana.
	Identifique e apoie expectativas e necessidades de outros grupos.	Conheça o contexto social e político mais amplo no qual seu grupo deve ser bem-sucedido.	
		Mostre que valoriza os outros grupos.	

da equipe. Para ela, isso significa que não tinha realizado seu trabalho bem o bastante.

Quando um membro da equipe não está em sintonia com as emoções dos outros, o grupo precisa ser emocionalmente inteligente em relação a esse indivíduo. Em parte, isso significa apenas ter consciência do problema. Ter uma norma que incentiva a compreensão interpessoal pode facilitar a consciência de que Jill está agindo na defensiva. E chamar atenção para essa postura é necessário se a equipe quiser fazê-la compreender que quer amplificar seu bom trabalho, não negá-lo.

Algumas equipes parecem capazes de fazer isso de modo natural. Na Hewlett-Packard, por exemplo, soubemos de uma equipe que estava tentando treinar seus membros cruzando seus papéis. A ideia era que se cada membro fosse capaz de experimentar o trabalho dos outros, a equipe poderia corresponder a qualquer tarefa que requeresse maior atenção. Mas um dos membros parecia muito desconfortável em aprender novas aptidões e tarefas; acostumado a ser muito produtivo no que era especializado, ele odiava não saber como fazer um trabalho com perfeição. Felizmente, seus colegas de equipe perceberam seu desconforto e, em vez de se aborrecerem, duplicaram esforços no sentido de apoiá-lo. Essa equipe se beneficiou de uma norma de grupo que tinha sido estabelecida com o tempo,

Um modelo de eficácia de equipe

Vários estudos têm demonstrado que equipes são mais criativas e produtivas quando são capazes de atingir altos níveis de participação, cooperação e colaboração entre seus membros. Mas não é fácil estipular comportamentos interativos como esses. Nosso trabalho demonstra que é necessário haver três condições básicas antes que esses comportamentos ocorram: confiança mútua entre os membros, sentimento de identidade de grupo (sensação de que pertencem a um grupo único e ao qual vale a pena pertencer) e senso de eficácia de grupo (a crença em que a equipe é capaz de se sair bem e que os membros do grupo são mais eficazes quando trabalham juntos do que separados).

No centro dessas três condições estão as emoções. Confiança, sentimento de identidade e senso de eficácia surgem num ambiente no qual se lida bem com a emoção, de modo que os grupos tendem a se beneficiar ao construir sua inteligência emocional.

A inteligência emocional de grupo não é uma questão de lidar com um mal necessário – captando emoções assim que se manifestam e logo as suprimindo. Longe disso. Trata-se de deliberadamente fazer as emoções aflorarem e de compreender como elas afetam o trabalho da equipe. Tem a ver também com comportar-se de modo a construir relacionamentos tanto dentro quanto fora da equipe, de modo que isso fortaleça a aptidão do grupo para enfrentar desafios.

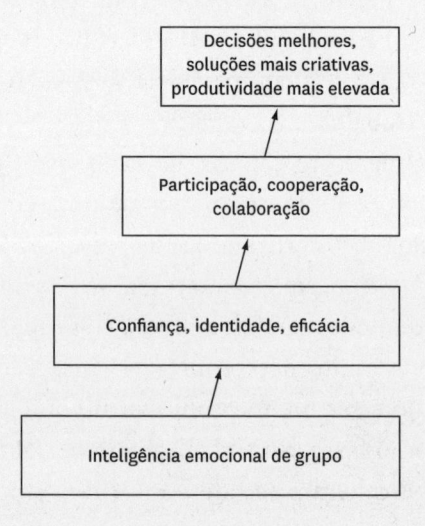

```
┌─────────────────────────────┐
│   Decisões melhores,        │
│   soluções mais criativas,  │
│   produtividade mais elevada│
└─────────────────────────────┘
              ▲
┌─────────────────────────────┐
│  Participação, cooperação,  │
│         colaboração         │
└─────────────────────────────┘
              ▲
┌─────────────────────────────┐
│  Confiança, identidade, eficácia │
└─────────────────────────────┘
              ▲
┌─────────────────────────────┐
│ Inteligência emocional de grupo │
└─────────────────────────────┘
```

enfatizando o entendimento interpessoal. A norma surgira da constatação de que o trabalho de ouvir e compreender com exatidão os sentimentos e preocupações dos outros melhorava o moral dos membros da equipe e sua disposição para cooperar.

Muitas equipes construíram um alto nível de inteligência emocional esforçando-se em considerar as questões a partir do ponto de vista de um membro. Imagine uma situação em que uma equipe de quatro pessoas precisa chegar a uma decisão; três são a favor de uma orientação e a quarta de outra. Em prol de uma decisão rápida, muitas equipes nessa situação optariam por seguir a maioria. Porém um grupo emocionalmente mais inteligente faria primeiro uma pausa para ouvir a objeção. Indagaria também se cada membro estava cem por cento a favor da decisão, mesmo parecendo haver consenso. Um grupo assim perguntaria: "Há algum ponto de vista que ainda não ouvimos ou que não consideramos completamente?"

Analisar pontos de vista é um comportamento de equipe que especialistas discutem com frequência – mas não em termos de sua consequência emocional. Muitas equipes são treinadas para usar técnicas de análise de pontos de vista para tomar decisões ou resolver problemas (um instrumento comum é o diagrama de afinidades). Mas essas técnicas podem ou não melhorar a inteligência emocional do grupo. O problema é que muitas dessas técnicas tentam conscientemente remover a emoção do processo ao reunir e combinar pontos de vista de maneira mecânica. Uma abordagem mais eficaz para a análise de pontos de vista é assegurar que os membros da equipe vejam que todos estão se esforçando para lidar com as diferentes perspectivas; desse modo, a equipe tem mais probabilidade de criar o tipo de confiança que leva a uma maior participação entre os membros.

Uma equipe executiva do Hay Group, uma firma de consultoria, se engaja nessa profunda análise de pontos de vista que estamos descrevendo. A equipe realizou exercícios de encenação nos quais os membros adotaram as opiniões e os estilos de interação dos outros. Usou também uma técnica de storyboarding, um roteiro em quadrinhos, no qual cada membro cria um pequeno pôster representando suas ideias. Como os membros da equipe puderam atestar, esses e outros métodos ajudaram o grupo a construir confiança e aumentar a participação de todos.

Regulando as emoções dos indivíduos

Entendimento interpessoal e análise de pontos de vista são duas maneiras de grupos se tornarem mais conscientes das perspectivas e dos sentimentos de seus membros. Mas tão importante quanto a consciência é a capacidade de regular essas emoções – isso tem um impacto positivo em como elas são expressadas e até mesmo em como os membros de uma equipe se sentem. Não estamos nos referindo aqui a impor um pensamento de grupo ou outra forma de manipulação – claro que o objetivo deve ser equilibrar a coesão do grupo com a individualidade dos membros. Estamos apenas reconhecendo que as pessoas captam sinais emocionais dos que estão à sua volta. Algo que inicialmente parece ser irritante pode parecer menos ruim – ou 10 vezes pior – dependendo de os colegas estarem inclinados a apagar o incêndio ou a pôr mais lenha na fogueira. A maneira mais construtiva de regular as emoções dos membros de uma equipe é estabelecer normas no grupo, tanto para os confrontos quanto para as demonstrações de afeto.

Pode parecer ilógico sugerir que um grupo emocionalmente inteligente tenha que se envolver em confrontos, mas não é. É inevitável que um membro da equipe se permita um comportamento que ultrapasse os limites, e a equipe deve se sentir à vontade para acusar esse erro. Numa equipe que estudamos, uma integrante nos falou do dia em que ela, de forma egoísta, decidiu estender seu intervalo. Não demorou muito e um de seus colegas entrou na sala de descanso dizendo: "O que você está fazendo aqui? Volte ao trabalho – sua equipe precisa de você!" A mulher tinha ultrapassado um limite e lhe chamaram a atenção. Não ouve ressentimentos, porque ela sabia que o grupo dava valor a suas contribuições.

Algumas equipes também acham que um pouco de humor ajuda ao se lidar com um comportamento equivocado. Implicar com alguém que costuma chegar atrasado às reuniões, por exemplo, pode fazer com que essa pessoa tome consciência de como a pontualidade é importante para o grupo. Se feita da maneira correta, uma confrontação pode ser vista sob uma luz positiva; é um modo de o grupo dizer "Queremos você aqui – precisamos de sua contribuição". E é especialmente importante quando uma equipe tem que trabalhar junta num projeto de longo prazo. Sem a confrontação, um comportamento disruptivo pode corroer e erodir o sentimento de confiança existente no grupo.

Estabelecer normas que reforcem um comportamento gentil não costuma ser muito difícil e, em geral, é uma questão de se concentrar nos detalhes. Quando um indivíduo está chateado, por exemplo, pode fazer toda a diferença que membros da equipe reconheçam os sentimentos dessa pessoa. Constatamos isso numa reunião em que um membro da equipe chegou zangado porque a hora e o lugar do encontro não lhe convinham. Quando outro membro se referiu ao sacrifício que o homem tinha feito para estar lá, e lhe agradeceu, a atitude dele mudou por completo. Em geral, uma orientação para um comportamento gentil inclui uma consideração positiva, apreciação e respeito pelos membros do grupo mediante comportamentos que expressem apoio, validação e compaixão.

Compreensão interpessoal, análise de pontos de vista, confronto, gentileza – essas normas desenvolvem a confiança e o sentimento de identidade de grupo entre os membros. E todas elas podem ser estabelecidas em equipes nas quais não surjam de forma natural. Você pode se perguntar se todo esse esforço vale mesmo a pena. Faz sentido usar um tempo gerencial para fomentar novas normas a fim de acomodar algumas personalidades difíceis? Claro que sim. Equipes são o próprio fundamento de uma organização, e elas não serão eficientes sem confiança mútua e um comprometimento com as metas.

Trabalhando com as emoções de grupo

Chris não conseguia acreditar, mas estava pedindo transferência. Sua equipe vinha fazendo um bom trabalho, mantendo-se dentro do orçamento e cumprindo todos os prazos – embora nem sempre elegantemente. Seu líder, Stan Evans, tinha acabado de ser promovido. Então por que estar na equipe era tão ruim? Na última reunião de avaliação de desempenho, eles deveriam ter comemorado com champanhe – já que tantas metas foram alcançadas. Em vez disso, todos estavam contrariados com um contratempo que não tinham previsto e que depois se mostrou irrelevante. Parecia que, por mais coisas boas que acontecessem, o grupo arranjaria motivos para reclamações. A equipe até via a promoção de Stan sob uma luz negativa: "Ah, acho que a diretoria quer nos observar mais de perto", e "Ouvi dizer que o novo chefe de Stan não apoia este projeto". Chris tinha um amigo em outra equipe que ficou feliz em indicá-lo. O trabalho era bem menos interessante – mas pelo menos eles estavam se divertindo.

Algumas equipes sofrem porque não estão conscientes das emoções que existem em nível de grupo. A equipe de Chris, por exemplo, não tem consciência de tudo que conquistou e não percebe que está desanimada. Em nosso estudo de equipes eficazes, descobrimos que ter normas para a autoconsciência de grupo – de estados emocionais, pontos fortes e fraquezas, modos de interação e processos para realizar tarefas – é uma parte crítica da inteligência emocional de grupo que favorece a eficácia da equipe. As equipes adquirem isso por meio de autoavaliação e solicitando feedbacks uns dos outros.

A autoavaliação pode ser feita num evento formal ou pode ser uma atividade constante. Na Sherwin Williams, um grupo de gestores estava implementando uma nova iniciativa que ia requerer níveis mais altos de trabalho de equipe. Membros do grupo contrataram um consultor, mas, antes que ele chegasse, se reuniram para avaliar suas forças e fraquezas como equipe. Descobriram que o simples fato de articular as questões era um passo importante na construção de suas capacidades.

Um meio muito menos formal de promover a consciência emocional de grupo é pelo tipo de atividade que vimos no Centro para Liderança e Desenvolvimento da Administração de Saúde dos Veteranos. Os gerentes lá desenvolveram uma norma segundo a qual são incentivados a falar quando sentem que o grupo não está sendo produtivo. Por exemplo, se há uma letargia depois do almoço e as pessoas na equipe estão com pouca energia, alguém poderia dizer: "Não estamos parecendo um bando de lesmas?" Tendo sido chamada sua atenção, o grupo faz um esforço para voltar a se concentrar.

Equipes emocionalmente competentes não tapam o sol com a peneira; elas têm a capacidade emocional de lidar com uma informação potencialmente difícil e de buscar de forma ativa, fora da equipe, opiniões sobre seus processos nas tarefas, seu progresso e seu desempenho. Para algumas equipes, o feedback pode vir direto dos clientes. Outras procuram colegas dentro da empresa, fornecedores ou seus pares profissionais. Um grupo de desenhistas industriais que estudamos tem como rotina pregar nas paredes do escritório informações sobre o progresso de seu trabalho, convidando os colegas a comentarem e criticarem. Da mesma forma, muitas agências de publicidade veem nos prêmios anuais da área uma fonte valiosa de feedback para suas equipes de criação.

Regulando as emoções de grupo

Muitas equipes fazem esforços conscientes para desenvolver o espírito coletivo. Saídas em grupo, seja de caráter puramente social ou na forma de desafios físicos, são métodos populares para a criação desse entusiasmo coletivo. O que acontece nesses casos é que essas equipes e seus líderes reconhecem que, de modo geral, podem melhorar a postura da equipe – isto é, regular a emoção em nível de grupo. E embora o foco de um exercício de desenvolvimento de equipe em geral não esteja diretamente relacionado ao trabalho efetivo do grupo, os benefícios são bastante relevantes: as equipes saem dele com maior capacidade emocional e, portanto, com maior aptidão para responder aos desafios emocionais.

As equipes mais eficazes que estudamos vão muito além de atividades ocasionais fora do escritório. Elas estabeleceram normas que fortalecem sua capacidade de responder de modo eficiente ao tipo de desafios emocionais enfrentados pelo grupo rotineiramente. As normas pelas quais optaram alcançam principalmente três objetivos: criam recursos para trabalhar as emoções, fomentam um ambiente positivo e estimulam uma resolução proativa dos problemas.

Equipes precisam de recursos dos quais todos os membros possam se valer para lidar com emoções de grupo. Um recurso importante é um vocabulário comum. Para dar um exemplo, um integrante de uma equipe da Administração de Saúde dos Veteranos notou o mau humor de outro membro e disse-lhe que ele estava "cricri" naquele dia. O termo "cricri" pegou e tornou-se a maneira gentil de comunicar a alguém que sua negatividade estava tendo um efeito ruim sobre o grupo. Outros recursos podem incluir maneiras úteis de descarregar frustrações. Um executivo que entrevistamos descreveu a prática adotada pela equipe que liderava de dedicar um tempo a um "muro de lamentações" – alguns minutos de choramingos e lamentos por causa de algum contratempo. Descarregar e reconhecer emoções negativas, diz o líder, permite ao grupo concentrar a atenção nos aspectos da situação que são possíveis de controlar e canalizar sua energia numa direção positiva. Às vezes, porém, descarregar exige mais do que palavras. Já vimos mais de um lugar de trabalho cheio de brinquedos que eram utilizados de forma catártica.

Talvez a maneira mais óbvia de construir capacidade emocional mediante a regulação do nível de emoção da equipe seja apenas criar um ambiente positivo. Todos dão valor a uma equipe que, diante de um desafio, responde com uma atitude confiante. Mais uma vez, é uma questão de ter as normas de grupo corretas – nesse caso, favorecer o otimismo e imagens e interpretações positivas sobre as negativas. Isso nem sempre ocorre naturalmente numa equipe, como sabe um executivo que entrevistamos no Hay Group. Quando condições externas criam um ciclo de negatividade entre os membros do grupo, ele assume a tarefa de mudar o clima. De modo consciente, resiste à tentação de se juntar aos que reclamam e culpam e, em vez disso, tenta reverter o ciclo com uma atitude positiva, construtiva.

Uma das normas mais poderosas que identificamos para a construção da capacidade de um grupo de responder a situações emocionalmente desafiadoras é a ênfase na resolução proativa de problemas. Vimos muito disso numa equipe que observamos na AMP Corporation. Boa parte do que essa equipe precisava para alcançar suas metas estava fora de seu controle. Mas, em vez de ficar sentada fazendo acusações, a equipe trabalhava duro para obter dos outros o necessário e, em alguns casos, assuma as rédeas da situação. Em certa ocasião, um problema de alinhamento numa máquina fundamental no processo estava resultando em produtos defeituosos. A equipe estudou o problema e dirigiu-se ao grupo de engenharia com uma sugestão para o projeto de uma peça que poderia resolver o problema. O dispositivo funcionou, e o número de produtos defeituosos diminuiu significativamente.

Esse tipo de resolução de problema é valioso por muitas razões. Obviamente, é útil para a companhia por remover mais um obstáculo à rentabilidade. Mas, no que diz respeito ao nosso estudo, também demonstra que a equipe está no controle das próprias emoções. Ela se recusou a se sentir impotente e tratou de se encarregar do problema.

Trabalhando com as emoções fora do grupo

Jim suspirou. Mais uma vez, o motivo eram os "Bugs". Será que eles não percebiam que, enquanto se cumprimentavam por sua impressionante produtividade, o resto da companhia pagava por isso? Daquela vez, em sua autogerenciada sabedoria, a equipe tinha decidido estocar um componente para três meses. Nenhuma interrupção significava nenhuma máquina ociosa e um baixo custo recorde por unidade. Mas agora a equipe de suprimento estava inundada com um estoque do qual não precisava e preocupada com a falta de outros componentes. Jim se preparou para sua visita ao chão da fábrica. Os Bugs não recebiam críticas muito bem; pareciam se achar impecáveis e pensavam que todos os demais estavam só tentando puxar o tapete deles. E quanto àquele nome que se deram, afinal? "Bugs" – insetos em inglês?!

O último tipo de inteligência emocional que toda equipe de alto desempenho deveria ter diz respeito a relacionamentos além dos limites do grupo. Assim como indivíduos deveriam estar atentos às próprias emoções e às dos outros, grupos também deveriam olhar tanto para dentro quanto para fora. No caso dos Bugs, a equipe estava agindo como uma gangue – criando estreitos laços emocionais internamente, mas ignorando os sentimentos, as necessidades e as preocupações de indivíduos e equipes importantes no quadro geral da organização.

Algumas equipes desenvolveram normas particularmente úteis para fazê-las ter consciência do contexto organizacional mais amplo. Uma delas é apontar membros da equipe para agirem como elementos de ligação com departamentos importantes. Muitas equipes já são formadas por membros de diferentes setores de uma empresa, e assim uma perspectiva que vai além de suas fronteiras surge de forma natural. Outras têm que trabalhar um pouco mais. Uma equipe que estudamos se deu conta de que seria importante compreender o ponto de vista de seu sindicato. Consequentemente, um membro da equipe de recursos humanos fez um esforço para descobrir os métodos certos para que um membro do sindicato fosse indicado para a equipe. Um ponto de vista que ultrapasse as fronteiras é muito importante em situações em que o trabalho de uma equipe terá impacto significativo em outros funcionários da organização – por exemplo, quando se pede a uma equipe que projete uma intranet que atenda às necessidades de todos. Vimos muitas situações em que uma equipe está tão apaixonada por sua solução que é pega completamente de surpresa quando outros na companhia não compartilham desse entusiasmo.

Algumas das equipes mais emocionalmente inteligentes que já vimos são tão sintonizadas em seu contexto organizacional mais amplo que isso afeta a forma como elas enquadram e comunicam as próprias necessidades e realizações. Uma equipe na companhia de processamento químico KoSa, por exemplo, sentiu que precisava de uma nova peça no equipamento de produção, mas a gerência sênior não estava certa de que a aquisição fosse uma prioridade. Consciente de que os tomadores de decisão ainda estavam em cima do muro, a equipe decidiu enfatizar os benefícios que a nova máquina traria para a segurança dos funcionários – para eles, era apenas uma das vantagens, mas para a diretoria era uma questão de suprema importância. Numa reunião sobre segurança na fábrica em que compareceram gerentes de alto nível, eles defenderam a ideia de que o equipamento desejado reduziria bastante o risco de lesões dos operários. Poucas semanas depois, o conseguiram.

Às vezes uma equipe precisa estar particularmente consciente das necessidades e dos sentimentos de outro grupo na organização. Estivemos em uma empresa de tecnologia da informação em que os engenheiros de hardware trabalhavam separados dos engenheiros de software para atingirem a mesma meta – processamento mais rápido e menos travamentos. Cada grupo conseguia um resultado limitado trabalhando de forma independente. Quando enfim um líder da equipe de hardware saiu de sua rota para estabelecer relacionamentos com o pessoal do software, as duas equipes começaram a cooperar – e juntas conseguiram um desempenho de 20% a 40% acima da meta.

Esse tipo de resultado positivo pode ser facilitado por normas que incentivem um grupo a reconhecer os sentimentos e as necessidades de outros. Vimos normas eficazes para a consciência entre equipes numa divisão da AMP onde cada equipe de produção é responsável por uma etapa do processo e elas precisam uma da outra para completar o produto a tempo.

Os líderes de equipe se reúnem pela manhã para entender as necessidades, os recursos e os prazos de cada grupo. Se uma está adiantada, e outra, atrasada, eles realocam os recursos. Membros da equipe mais rápida ajudam a equipe que está atrasada, e o fazem de modo amigável, demonstrando empatia e construindo um relacionamento.

A maioria dos exemplos que estamos citando mostra equipes que não só estão cientes das necessidades e dos pontos de vista dos outros de fora, mas também são capazes de influenciá-los. Essa habilidade de regular emoção num nível que transcende as fronteiras da equipe é uma versão de grupo das "aptidões sociais", cruciais para a inteligência emocional individual. Envolve o desenvolvimento de relacionamentos externos e a conquista da confiança de pessoas de fora, ao se adotar um papel diplomático em vez de isolacionista.

Uma equipe de produção que vimos na KoSa demonstrava grandes aptidões sociais no trabalho com a equipe de manutenção. Ela reconhecia que, quando havia problemas na fábrica, a equipe de manutenção frequentemente tinha muito que fazer. Em condições de igualdade, o que poderia levar a equipe de manutenção a considerar essa equipe de produção específica como sendo de alta prioridade? Sabendo que um bom relacionamento seria um fator para isso, a equipe de produção trabalhou duro para estabelecer bons laços com a equipe de manutenção. A certa altura, por exemplo, a equipe de produção demonstrou sua apreciação indicando a equipe de manutenção como a "equipe do trimestre" – escrevendo cartas e fazendo, nos bastidores, os elogios que ajudariam a equipe de manutenção a ser eleita. Por sua vez, o bom relacionamento da equipe de produção com a de manutenção ajudou aquela a se tornar uma das mais produtivas na fábrica.

Um modelo para inteligência emocional de grupo

Temos discutido a necessidade de equipes aprenderem a canalizar a emoção de modo eficaz em três níveis importantes de interação humana: entre a equipe e o membro individual, dentro da própria equipe e entre a equipe e entidades externas. Juntas, as normas que temos explorado ajudam os grupos a trabalhar com emoções de modo produtivo e inteligente.

Com frequência, grupos cujos membros são emocionalmente inteligentes têm normas assim, mas é improvável que qualquer grupo adote, de modo inconsciente, *todas* as normas que destacamos. Em outras palavras, este é um modelo de inteligência emocional de grupo do qual qualquer equipe de trabalho poderia se beneficiar, adotando-o deliberadamente.

Como seria uma equipe emocionalmente inteligente exemplar? Próximas do ideal estão algumas das equipes que vimos na IDEO, a renomada firma de desenho industrial. As equipes de criação da IDEO são responsáveis pela aparência e pela usabilidade dos produtos, como o primeiro mouse da Apple, o tubo de pasta de dentes Crest e o assistente digital pessoal Palm V. A empresa, rotineiramente, ganha com seus projetos prêmios de forma e funcionalidade e até mantém um negócio que consiste em ensinar a outras empresas técnicas de resolução criativa de problemas.

A natureza do trabalho da IDEO exige um alto nível de inteligência emocional de grupo. Sob a pressão dos prazos e orçamentos, a companhia precisa apresentar soluções inovadoras e estéticas que equilibrem necessidades humanas com realidades da engenharia. Na IDEO existe uma profunda crença filosófica em que o melhor design surge do contato criativo entre diversas equipes, não do esforço solitário de indivíduos brilhantes, e assim é imperativo que as equipes da IDEO se conectem e se entendam. Em nosso estudo dessas equipes, descobrimos normas de grupo que davam suporte à inteligência emocional em todos os três níveis de nosso modelo.

Primeiro, as equipes da IDEO estão muito conscientes das emoções individuais de seus membros, e são adeptas de sua regulação. Por exemplo, um designer ficou muito frustrado porque alguém do marketing estava insistindo em que fosse aplicado um logotipo em seu produto que ele achava que o arruinaria visualmente. Numa reunião sobre o produto, o líder da equipe de projeto percebeu que algo estava errado. O designer estava isolado e as coisas "não pareciam estar bem". O líder do projeto considerou a situação e deu início a uma negociação que levou a um acordo.

Os membros de equipes da IDEO também se confrontam quando violam as normas. Isso é comum durante sessões de brainstorming, em que a regra é que as pessoas devem adiar julgamentos e evitar contestar ideias.

Se alguém quebra essa regra, a equipe se volta contra a pessoa de maneira brincalhona mas vigorosa (imagine ser bombardeado por brinquedos de espuma). Ou se alguém sai da linha, a norma é uma pessoa se levantar e chamar sua atenção imediatamente. Se há um cliente na sala, o confronto é mais sutil – talvez um chute por baixo da mesa.

As equipes da IDEO também demonstram ser fortes em inteligência emocional focada no grupo. Para garantirem que têm alto nível de autoconsciência, as equipes constantemente buscam feedback tanto dentro quanto fora da organização. Mais importante, trabalham junto dos clientes. Se um design não corresponde às expectativas do cliente, a equipe logo fica ciente e toma medidas para modificá-lo.

A regulação da emoção de grupo na IDEO muitas vezes significa fornecer saídas para o estresse. A empresa acredita em brincar e se divertir. Várias centenas de brinquedos foram distribuídos por todo o prédio para que os funcionários se distraiam quando ficarem frustrados. Realmente, a cultura dessa empresa de design aceita bem a expressão de emoções, assim não é incomum que alguém – quer esteja feliz ou com raiva – se levante e grite. A IDEO até criou projetos divertidos para pessoas que precisam de uma pausa: por exemplo, desenhar os cartões de Natal da empresa ou as placas para visitantes.

Finalmente, as equipes da IDEO também têm normas para garantir que estejam conscientes das necessidades e preocupações das pessoas de fora e que usem essa consciência para desenvolver relacionamentos com esses indivíduos e grupos. Há um modelo curioso à mostra na IDEO: um caminhão de brinquedo com peças de plástico sobre molas que saltam da caçamba quando se pressiona um botão. O modelo celebra um incidente que ensinou várias lições. Uma equipe de design estava trabalhando havia três semanas numa embalagem de plástico muito complexa. Infelizmente, a três dias do prazo de entrega, quando um engenheiro estava levando o protótipo para pintura, a peça escorregou da caçamba de sua picape e se estatelou na estrada a quase 120 quilômetros por hora. A equipe quis trabalhar no fim de semana para reconstruir a peça, mas não conseguiria terminar sem a ajuda do fabricante que tinha feito o original. Como haviam se dedicado a estabelecer um bom relacionamento com o fabricante, a equipe do fornecedor se dispôs a fazer um esforço extra. O modelo bem-humorado era um modo de os colegas de equipe demonstrarem ao engenheiro que tudo fora perdoado – e um lembrete ao resto da organização de como uma equipe em crise pode se valer de uma pequena ajuda dos amigos.

De onde vêm as normas?

Nem toda empresa é tão dependente de equipes e de sua inteligência emocional quanto a IDEO. Porém, agora mais do que nunca, estamos vendo companhias que dependem de equipes para decisões e tarefas que, em outros tempos, teriam sido trabalho de indivíduos. Infelizmente, também vemos que elas estão descobrindo que uma equipe pode ter tudo a seu favor – as pessoas mais brilhantes e mais qualificadas, acesso a recursos, uma missão clara – e ainda assim fracassar porque lhe falta inteligência emocional.

Normas que desenvolvem confiança, identidade e eficiência de grupo são a chave para fazer um grupo de profissionais se transformar. Permitem que uma equipe altamente capacitada e cheia de recursos corresponda a seu potencial e podem ajudar uma equipe que enfrenta desafios substanciais a conquistar vitórias surpreendentes. Então como fazer surgirem normas tão poderosas como as que descrevemos neste artigo? Em nossa pesquisa, as vimos serem introduzidas a partir de qualquer uma destas cinco direções básicas: de líderes de equipe oficiais, de líderes de equipe informais, de seguidores corajosos, de treinamento ou da cultura organizacional mais ampla. (Para mais informações sobre como estabelecer as normas descritas neste artigo, veja o quadro Construindo normas para três níveis de inteligência emocional de grupo, na página 98.)

No Hay Group, por exemplo, foi a ação deliberada de um líder de equipe que ajudou o grupo a ver a importância das emoções para sua eficácia em geral. Como esse grupo era composto por gerentes da muitas culturas diferentes, seu líder sabia que não poderia partir da suposição de que todos tinham um alto nível de compreensão interpessoal. Para estabelecer essa norma, ele introduziu novidades, como fazer uma reunião sem mesa, utilizar grupos menores e fazer um inventário dos vários estilos de aprendizado dos membros da equipe.

Intervenções desse tipo provavelmente só podem ser feitas por um líder de equipe oficial. Líderes informais e outros membros da equipe costumam aumentar a inteligência emocional de maneiras mais sutis, embora muitas vezes sejam igualmente poderosas. Qualquer um pode fazer a causa avançar, por exemplo, manifestando-se quando o grupo parece ignorar um importante ponto de vista ou sentimento – ou apenas fazendo a sua parte na criação de um ambiente afirmativo.

Cursos e treinamentos também podem ser um começo no processo de aumentar a consciência emocional e mostrar às pessoas como regular as emoções. Sabemos de muitas empresas que agora focam questões emocionais em cursos de desenvolvimento de liderança, em workshops sobre negociação e comunicação e em programas de assistência ao funcionário, como de controle do estresse. Esses programas sensibilizam membros de equipes quanto à importância de estabelecer normas emocionalmente inteligentes.

Por fim, talvez mais do que qualquer outra coisa, uma equipe pode ser influenciada por uma cultura organizacional mais ampla que reconhece e celebra a emoção do funcionário. Este é, claramente, o caso da IDEO e, acreditamos, de muitas companhias que estão criando maior valor na nova economia. Infelizmente, esta é a peça do quebra-cabeça mais difícil de ser montada por empresas que ainda não a têm. Em organizações com um longo histórico de funcionários deixando suas emoções na porta de entrada, a mudança ocorrerá, caso ocorra, em uma equipe de cada vez.

Tornando-se emocionalmente inteligente

A pesquisa apresentada neste artigo surgiu de um imperativo simples: numa era de trabalho em equipe, é essencial descobrir o que faz os grupos funcionarem. Nossa pesquisa demonstra que, assim como indivíduos, as equipes mais eficazes são as emocionalmente inteligentes – e que toda equipe pode adquirir inteligência emocional.

Neste artigo tentamos apresentar um modelo para uma mudança positiva, que contém os tipos de normas mais importantes que um grupo pode criar para aumentar sua inteligência emocional. Equipes, como todos os grupos, operam de acordo com essas normas. Trabalhando para estabelecer

Construindo normas para três níveis de inteligência emocional de grupo

A inteligência emocional de grupo diz respeito a pequenos atos que fazem uma grande diferença. Não se trata de um membro de equipe trabalhar a noite toda para cumprir um prazo; mas de lhe agradecerem por ter feito isso. Não se trata de uma profunda discussão de ideias; mas de perguntar a um membro que está quieto o que ele pensa. Não é sobre harmonia, ausência de tensão e todos os membros gostarem uns dos outros; é sobre saber quando a harmonia é falsa, a tensão não é expressada, e sobre tratar os outros com respeito. O quadro que se segue esboça algumas das pequenas coisas que grupos podem fazer para estabelecer normas que constroem a inteligência emocional.

Individual	Grupo	Além das fronteiras
Normas que criam consciência de emoções		
Compreensão interpessoal	*Autoavaliação da equipe*	*Compreensão organizacional*
1. Dê um tempo nas tarefas do grupo para que as pessoas se conheçam.	1. Reserve tempo para analisar a eficiência da equipe.	1. Descubra as preocupações e necessidades dos outros na organização.
2. Faça um "check-in" no início da reunião – isto é, pergunte como cada um está.	2. Crie uma tarefa mensurável, estabeleça objetivos e meça-os.	2. Pense em quem pode influenciar na capacidade da equipe de atingir suas metas.
3. Presuma que um comportamento indesejável ocorre por algum motivo. Descubra o motivo. Faça perguntas e ouça as respostas. Evite atribuições negativas.	3. Reconheça e discuta estados de ânimo do grupo.	3. Discuta a cultura e a política na organização.
	4. Comunique sua percepção do que está sendo transmitido pela equipe.	4. Pergunte se as ações propostas na equipe são congruentes com a cultura e a política da organização.
4. Diga a seus colegas de equipe o que está pensando e como está se sentindo.	5. Permita que membros invoquem uma "checagem do processo". (Por exemplo, um membro da equipe poderia dizer: "Checagem de processo: esta é maneira mais eficaz de usar nosso tempo agora?")	
Análise de ponto de vista	*Em busca de feedback*	
1. Pergunte se todos concordam com uma decisão.	1. Pergunte a seus "clientes" como você está se saindo.	
2. Pergunte a membros que estão calados o que eles acham.	2. Torne público seu trabalho e peça comentários.	
3. Questione decisões que são tomadas rápido demais.	3. Compare processos.	
4. Nomeie um advogado do diabo.		

Individual	Grupo	Além das fronteiras
Normas que ajudam a regular emoções		
Confrontação 1. Estabeleça regras claras e use-as para apontar comportamentos indesejados. 2. Questione membros quanto a seu comportamento equivocado. 3. Crie dispositivos divertidos para indicar esse comportamento. Em geral eles são criados espontaneamente pelo grupo. Incentive isso. *Gentileza* 1. Apoie os membros da equipe: ofereça-se para ajudá-los se precisarem, seja flexível e dê apoio emocional. 2. Valorize as contribuições dos membros do grupo. Permita que saibam que são valorizados. 3. Proteja os membros da equipe de ataques. 4. Respeite individualidades e diferenças de pontos de vista. Ouça. 5. Nunca seja depreciativo.	*Criando recursos para trabalhar com emoções* 1. Reserve tempo para discutir questões difíceis e avalie as emoções que as envolvem. 2. Descubra atalhos criativos para reconhecer e expressar emoção no grupo. 3. Crie maneiras divertidas de reconhecer e aliviar o estresse e a tensão. 4. Expresse aceitação pelas emoções dos membros do grupo. *Criando um ambiente positivo* 1. Reforce a ideia de que a equipe é capaz de enfrentar um desafio. Seja otimista. Por exemplo, diga coisas como "Podemos superar isso", ou "Nada irá nos deter". 2. Concentre-se naquilo que é capaz de controlar. 3. Lembre os membros do grupo de sua missão importante e positiva. 4. Lembre ao grupo como problemas semelhantes foram resolvidos. 5. Preocupe-se em resolver problemas, não em encontrar culpados. *Solução proativa de problemas* 1. Preveja problemas e os avalie antes de acontecerem. 2. Tome a iniciativa de compreender e obter o que você precisa para ser eficaz. 3. Resolva você mesmo caso os outros não estejam respondendo. Confie em si mesmo, não nos outros.	*Construindo relações externas* 1. Crie oportunidades para trabalho em rede e interação. 2. Pergunte sobre as necessidades de outras equipes. 3. Dê apoio a outras equipes. 4. Convide outras pessoas para reuniões da equipe se elas tiverem participação no que você está fazendo.

normas para a consciência e a regulação emocional em todos os níveis de interação, equipes podem construir a sólida fundação de confiança, identidade de grupo e eficácia da qual precisam para conseguir cooperação e colaboração autênticas e um alto desempenho geral.

Publicado originalmente em março de 2001.

6

O preço da incivilidade

A falta de respeito prejudica o moral – e o resultado
Christine Porath e Christine Pearson

A GROSSERIA NO TRABALHO ANDA DESCONTROLADA e está crescendo. Nos últimos 14 anos temos perguntado a milhares de trabalhadores como eles são tratados em seu emprego, e 98% relataram terem experimentado um tratamento descortês. Em 2011, metade deles disse terem sido tratados de modo rude ao menos uma vez por semana – em comparação com um quarto, em 1998.

O custo disso vai se refletir no resultado. Quase todos que experimentam falta de cortesia no local de trabalho reagem de maneira negativa, em alguns casos retaliando abertamente. Funcionários são menos criativos quando se sentem desrespeitados, muitos ficam saturados e vão embora. Cerca de metade diminui deliberadamente seus esforços ou a qualidade do trabalho. E a incivilidade prejudica o relacionamento com clientes. Nossa pesquisa demonstra que as pessoas são menos propensas a comprar produtos de uma companhia com um funcionário que considerem rude, seja a rudeza dirigida a elas ou a outros funcionários. Testemunhar uma única interação desagradável leva clientes a generalizar sua opinião de modo a abranger outros funcionários, a organização e até mesmo a marca.

Entrevistamos funcionários, gerentes, executivos de recursos humanos, presidentes e CEOs. Aplicamos questionários, fizemos experimentos, realizamos seminários e falamos com médicos, advogados, juízes, oficiais de justiça, arquitetos, engenheiros, consultores e treinadores sobre como enfrentavam a falta de cortesia e como lidavam com ela. E coletamos dados de mais de 14 mil pessoas por todos os Estados Unidos e o Canadá para rastrear a prevalência, os tipos, as causas, os custos e as soluções para a incivilidade no trabalho. De duas coisas temos certeza: a incivilidade custa caro e poucas organizações a reconhecem ou tomam medidas para restringi-la.

Neste artigo vamos discutir nossas descobertas, detalhar os custos e propor algumas intervenções. Antes, porém, analisaremos as várias formas que a incivilidade pode assumir.

Formas de incivilidade

Todos já ouvimos falar do "chefe infernal" ou já tivemos um. O estresse causado pela hostilidade contínua de um gestor tem um preço, às vezes muito alto. Conversamos com um homem que chamaremos de Matt, que se reportava a Larry – um tirano inconstante que insultava seus subordinados diretos, desdenhava de seus esforços e os culpava por coisas sobre as quais eles não tinham controle. (Os nomes neste artigo foram mudados para proteger as identidades.) Larry era rude com clientes também. Certa vez, quando acompanhou Matt em uma visita à loja de um cliente, ele disse ao proprietário: "Vejo que você está mantendo a tradição de seu pai. Esta loja era uma porcaria na época dele. E é uma porcaria com você."

O nível de estresse de Matt disparou. Ele assumiu o risco e denunciou Larry ao departamento de recursos humanos. (Não era o primeiro a reclamar.) Chamado a se explicar, Larry não se desculpou e disse apenas que talvez "tivesse usado uma bomba atômica" quando "poderia ter usado um mata-moscas". Após algumas semanas, Larry foi eleito gerente distrital do ano. Três dias depois, Matt sofreu um infarto.

A conclusão da história de Matt é incomum, mas o tempo todo vemos profissionais grosseiros agirem sem controle. Ouvimos falar de um chefe que era abusivo com tanta frequência que funcionários e fornecedores tinham um código para alertar uns aos outros sobre sua iminente chegada

> ## Em resumo
>
> Líderes podem combater a descortesia no trabalho monitorando as próprias ações e fomentando a civilidade nos outros.
>
> Estratégias para gerenciar a si mesmo incluem modelar um bom comportamento e pedir feedback. Desligue seu celular durante reuniões, preste atenção nas perguntas e faça um acompanhamento do que ficou combinado.
>
> No que tange a gerenciar a organização, você deve contratar pensando em civilidade, ensiná-la, criar normas de grupo, recompensar comportamento positivo, penalizar a grosseria e buscar ex-funcionários para obter uma avaliação honesta da cultura da empresa.
>
> Não manter um cuidadoso controle do comportamento pode permitir que a incivilidade se infiltre nas interações diárias – e poderia custar à sua organização milhões em funcionários, clientes e produtividade perdidos.

("A águia pousou!"). O único aspecto positivo era que essa antipatia compartilhada ajudava os funcionários a formarem laços estreitos entre si. Quando a companhia deixou de existir, no final da década de 1990, seus ex-funcionários criaram uma rede que prospera até hoje.

Em alguns casos todo um departamento é comprometido. Jennifer trabalhava numa indústria que atraía grande número de jovens profissionais bem instruídos dispostos a trabalhar por uma ninharia para poder estar numa área criativa. Era amplamente aceito que, para isso, eles teriam que engolir muitos sapos. O clima incluía portas batendo, conversas laterais, exclusão e um escancarado desprezo pelo tempo das pessoas. Anos depois, Jennifer ainda se encolhe ao se lembrar de seu chefe gritando "Você cometeu um erro!" por ela deixar passar um pequeno erro de digitação num memorando interno. Havia muitos atritos entre os funcionários de menor nível, mas os que permaneciam na empresa pareciam absorver os comportamentos aos quais tinham sido submetidos, e submetiam os recém-chegados ao mesmo tipo de abuso.

Fran era uma executiva sênior numa companhia global. Após vários trimestres de crescimento excepcional, apesar de a economia estar em baixa, ela se viu confrontada por um recém-chegado ao grupo mais graduado de executivos. Durante seis meses Fran passou por maus bocados para defender o negócio, apesar de ter desafiado (e vencido) a estagnação. Nunca explicaram a ela por que tinha sido perseguida e, mais tarde, Fran pediu demissão, não porque havia arranjado outro emprego, mas para escapar ao que chamou de "uma experiência de arrasar a alma".

A incivilidade pode assumir formas muito mais sutis, e frequentemente é suscitada por insensibilidade, não por maldade. Pense no gerente que fica enviando e-mails durante uma apresentação, ou no chefe que "provoca" subordinados diretos de um modo que os magoa, ou no líder de equipe que assume o crédito pelas boas notícias mas acusa membros da equipe quando algo dá errado. Esses atos que aparentam ser de pouca importância podem ser até mais insidiosos do que um bullying descarado, por serem menos óbvios e mais facilmente negligenciados – mas podem se somar, minando o engajamento e o moral.

Os custos da incivilidade

Muitos gerentes diriam que a incivilidade é um erro, mas nem todos reconhecem que ela tem um custo tangível. Com frequência os alvos da descortesia punem seus ofensores e a organização, embora a maioria oculte seus sentimentos e não necessariamente pense que suas ações são uma vingança. Numa enquete com 800 gerentes e funcionários em 17 indústrias, descobrimos as reações das pessoas. Entre os trabalhadores que foram alvos da incivilidade:

- 48% intencionalmente reduziram seus esforços no trabalho;
- 47% intencionalmente reduziram o tempo despendido no trabalho;
- 38% intencionalmente reduziram a qualidade de seu trabalho;
- 80% perderam tempo pensando no incidente;
- 63% perderam tempo evitando o ofensor;
- 78% disseram que seu comprometimento com a organização diminuiu;
- 12% disseram que deixaram o emprego por causa da incivilidade com que tinham sido tratados;
- 25% admitiram transmitir sua frustração aos clientes.

Experimentos e outros relatos oferecem insights adicionais sobre os efeitos da incivilidade. Eis alguns exemplos do que pode acontecer.

A criatividade sofre

Num experimento que fizemos com Amir Erez, professor de administração na Universidade da Flórida, participantes tratados rudemente foram 30% menos criativos do que os outros. Tiveram 25% menos ideias, e as que produziram eram menos originais. Por exemplo, quando perguntados sobre o que poderia ser feito com um tijolo, participantes que tinham sido maltratados propuseram atividades lógicas, mas não especialmente imaginativas, como "construir uma casa", "construir um muro" e "construir uma escola". Vimos mais lampejos nos participantes que tinham sido tratados com civilidade; suas sugestões incluíam "vender o tijolo na eBay", "usar para marcar o gol num jogo de futebol na rua", "pendurar na parede de um museu e chamá-lo de arte abstrata" e "decorá-lo como se fosse um bichinho e dar de presente a uma criança".

O desempenho e o ânimo de equipe se deterioram

Resultados de pesquisas e de entrevistas indicam que o simples fato de testemunhar uma grosseria tem consequências negativas. Num experimento que realizamos, pessoas que observaram um comportamento ruim tiveram desempenho 20% pior do que outras em quebra-cabeças com palavras. Descobrimos também que quem testemunhava incivilidade era menos propenso do que outros a ajudar, mesmo quando a pessoa a quem estavam ajudando não tinha conexão aparente com o autor da incivilidade: apenas 25% dos participantes que testemunharam a incivilidade se apresentaram voluntariamente para ajudar, contra 51% dos que não a tinham testemunhado.

Clientes vão embora

A grosseria pública entre funcionários é comum, segundo nossa pesquisa com 244 clientes. Seja da parte de garçons repreendendo seus aprendizes ou funcionários de lojas criticando colegas, um comportamento desrespeitoso deixa as pessoas incomodadas, e elas acabam saindo depressa sem realizar a compra.

Estudamos esse fenômeno com as professoras de marketing da Universidade do Sul da Califórnia Debbie MacInnis e Valerie Folkes. Em um experimento, metade dos participantes tinha testemunhado um suposto representante de um banco repreender publicamente outro por ter apresentado uma informação incorreta sobre cartão de crédito. Apenas 20% dos que tinham presenciado o encontro disseram que usariam os serviços do banco no futuro, comparados com 80% dos que não tinham presenciado. E cerca de dois terços dos que testemunharam a conversa disseram que se sentiriam apreensivos ao lidar com *qualquer* funcionário do banco.

Além disso, quando testamos vários cenários, descobrimos que não importava se o funcionário alvo era incompetente, se a reprimenda tinha acontecido a portas fechadas (mas possível de ser ouvida) ou se o funcionário havia feito algo questionável ou ilegal, como estacionar numa vaga de deficientes. Independentemente das circunstâncias, as pessoas não gostavam de ver os outros serem maltratados.

Gerenciar incidentes custa caro

Profissionais de recursos humanos dizem que um único incidente pode tomar semanas de atenção e esforços. Segundo um estudo realizado pela Accountemps e relatado na *Fortune*, gerentes e executivos de mil empresas da *Fortune* despenderam 13% de seu tempo de trabalho – o equivalente a sete semanas em um ano – conciliando funcionários e lidando com as consequências da incivilidade. E os custos aumentam, é claro, quando consultores ou advogados precisam ser convocados para ajudar a resolver a situação.

O que um líder deve fazer?

Pode ser necessária uma vigilância constante para manter a civilidade no local de trabalho; do contrário, a grosseria tende a se infiltrar nas interações diárias. Gerentes podem usar diversas estratégias para manter o próprio comportamento sob controle e estimular a cortesia entre todos.

Gerenciando a si mesmo

Líderes dão o tom, por isso você precisa estar atento a suas ações e à maneira como é percebido pelos outros.

Seja um modelo de bom comportamento. Em uma de nossas pesquisas, 25% dos gerentes que admitiram ter se comportado mal disseram que foram grosseiros porque seus líderes – seus modelos – eram rudes. Se funcionários veem que aqueles no topo da hierarquia toleram ou adotam um comportamento grosseiro, ficam propensos a segui-los. Assim, desligue seu celular durante reuniões, preste atenção nas perguntas e faça um acompanhamento do que foi combinado.

Uma forma de ajudar a criar uma cultura de respeito e obter o melhor de seus funcionários é expressar sua apreciação. Observações pessoais são particularmente eficazes, sobretudo se enfatizam o que é ser um modelo de bom comportamento, tratando as pessoas bem e vivenciando os valores da organização. Doug Conant, ex-CEO da Campbell Soup, está bem consciente do poder do reconhecimento pessoal. Durante sua gestão como presidente e CEO, enviou mais de 30 mil bilhetes de próprio punho agradecendo aos funcionários.

Peça feedback. Você pode precisar de uma verificação realista feita pelas pessoas que trabalham com você. Um gerente da Hanover Insurance decidiu perguntar aos funcionários do que eles gostavam e não gostavam em seu estilo de liderança. Descobriu que eles se incomodavam quando ele olhava seu telefone ou respondia a e-mails durante as reuniões. Agora evita fazer isso e sua equipe ficou feliz com a mudança.

Os funcionários nem sempre serão sinceros, mas há instrumentos que você pode usar. Por exemplo, mantenha um diário no qual registre situações de civilidade e de incivilidade e anote as mudanças que gostaria de fazer.

Preste atenção em seu progresso. Quando Josef, um profissional de TI, informou-se melhor sobre incivilidade, tomou consciência de sua tendência a falar mal de alguns colegas desagradáveis. "Eu não tinha pensado muito nisso até considerar o exemplo negativo que eu estava oferecendo", disse. "Eu só criticava pessoas que eram antipáticas com as outras e compartilhava, em particular, minhas críticas apenas com aqueles em quem confiava, de modo que isso parecia correto. Depois comecei a pensar sobre como eu estava aumentando a divisão que havia na equipe ao espalhar fofoca e criar 'lados'. Isso abriu meus olhos e decidi que queria ser um exemplo melhor."

Em pouco tempo Josef constatou que fofocava menos e que se sentia melhor com relação a si mesmo e seu local de trabalho. "Não sei se mais alguém notou a diferença – as pessoas já achavam que eu era justo e motivador –, mas eu sabia que tinha mudado", disse ele. "E há mais um benefício para todos nós: estou vendo menos incivilidade à minha volta. Acho que apontar quando colegas ou subordinados são rudes pode mesmo fazer diferença. Isso os alerta de que alguém os está observando e se importando com o modo como cada um é tratado."

Gerenciando a organização

Monitorar e ajustar o próprio comportamento é uma peça importante do quebra-cabeça, mas você tem que fazer isso em relação a toda a companhia também.

Contrate pela civilidade. Para começar, evite introduzir descortesia no local de trabalho. Algumas empresas, inclusive a Southwest Airlines e a Four Seasons, põem a civilidade em primeiro plano quando entrevistam candidatos.

É útil deixar que membros de sua equipe se pronunciem sobre seus possíveis novos colegas; eles podem perceber comportamentos que teriam escapado em entrevistas mais formais. O Rhapsody, um serviço de assinatura de música on-line, realiza entrevistas em grupo de modo que os funcionários possam avaliar os potenciais colegas. Pode acontecer de recusarem candidatos que têm um bom currículo, mas que por algum motivo incomodaram a equipe. Em um caso, uma equipe, considerando dois candidatos, achou que faltava inteligência emocional ao que era aparentemente mais forte. Falava demais e não parecia disposto a ouvir. Assim, a companhia contratou o outro candidato, que tinha se saído muito bem.

Apenas 11% das organizações relatam levar a civilidade em conta no processo de contratação e muitas delas o fazem de modo superficial. Mas a incivilidade costuma deixar rastro, que pode se revelar para quem quiser vê-lo. Um hospital quase deixou passar isso quando precisou de um novo radiologista. Ofereceu o emprego a Dirk, um médico talentoso, altamente recomendado por seus pares, que tinha brilhado nas entrevistas. Mas uma assistente do departamento intuiu que alguma coisa estava errada. Por meio de uma rede de contatos pessoais, descobriu que Dirk tinha deixado atrás de si um rastro de subordinados que havia tratado mal – informação que nunca ia aparecer em seu currículo. Assim, o chefe de departamento rejeitou a contratação, dizendo a Dirk que, se aceitasse a oferta, o hospital logo o mandaria embora, o que pegaria mal para potenciais empregadores.

Ensine civilidade. Sempre ficamos surpresos com a quantidade de gerentes e funcionários que nos dizem nunca terem compreendido o que significa ter civilidade. Um quarto dos ofensores que entrevistamos disse que não considerava seu comportamento grosseiro.

As pessoas podem aprender civilidade no trabalho. Uma técnica bastante útil é a encenação. Em um hospital de Los Angeles, médicos temperamentais têm que frequentar a "escola de charme" para diminuir sua insolência (e reduzir o potencial de processos). Algumas organizações oferecem aulas de como gerenciar o conflito de gerações, em que se fala sobre diferenças nas normas de civilidade e como melhorar o comportamento.

Vídeos podem ser uma boa ferramenta de ensino, especialmente quando associados a treinamento. Filme funcionários durante várias de suas interações de modo que possam observar as próprias expressões faciais, posturas, palavras e tom de voz. Leva algum tempo até as pessoas aprenderem a ignorar a câmera, mas assim que isso acontece elas voltam a seus padrões normais de comportamento.

Depois de participar de um desses exercícios, o CEO de uma empresa de serviços médicos nos disse: "Eu não tinha me dado conta de como parecia um idiota." Ele então usou essa percepção para adotar uma comunicação mais civilizada – e se tornou menos idiota. Outro executivo sênior relatou que sempre achara que mantinha uma expressão neutra, mas o vídeo mostrou sinais bastante reveladores. Por exemplo, quando ele perdia o interesse numa discussão, desviava o olhar.

Recomendamos que, depois de terem sido gravadas, as pessoas assistam ao vídeo de três maneiras: primeiro, com som e imagem, para ter uma percepção geral de sua atitude; segundo, sem som, para focarem comportamentos não verbais, como gestos, distanciamento e expressões faciais; e terceiro, apenas ouvindo, para destacar tons de voz, volume e velocidade da fala, e a escolha das palavras. As pessoas não discutem só com palavras; o tom pode ser tão ou mais forte do que elas.

Crie normas de grupo. Converse com sua equipe sobre as expectativas de conduta. Um executivo de seguros nos disse que tinha debatido com sua equipe sobre quais comportamentos funcionavam e quais não. Ao final da primeira reunião, a equipe tinha produzido e assimilado normas concretas de civilidade, como ser pontual e ignorar e-mails durante reuniões.

Em um de nossos locais de trabalho, tomamos emprestada uma prática esportiva para aparar arestas e ajudar uns aos outros a evitar cair numa rispidez ocasional. Em nosso mundo, a incivilidade é capaz de se manifestar durante apresentações, porque professores muito zelosos podem interrogar vigorosamente colegas e professores visitantes, num esforço para demonstrar o próprio intelecto. Advertimos colegas que apresentam esse comportamento usando sinais manuais equivalentes ao gesto, no futebol, de mostrar cartão amarelo e cartão vermelho. O sinal "cartão amarelo" transmite uma advertência, informando ao inquisidor que ele precisa pensar no que e como vai dizer, no tom e na intensidade de seus comentários e suas perguntas. O sinal "cartão vermelho" significa que ele está fora daquela sessão – permanecera ofensivo mesmo depois de ter sido advertido e precisava ser "expulso do jogo". Quem recebe o cartão vermelho aprende que tem que ficar calado – por hoje acabou.

Ochsner Health System, um grande provedor de assistência médica da Louisiana, adotou o que chama de "método 10/5". Se você está a 10 pés de alguém (cerca de 3 metros), faça contato visual e sorria. Se está a 5 pés de alguém (mais ou menos 1,5 metro), diga oi. Como resultado, a Ochsner observou uma satisfação maior dos pacientes e um aumento nas recomendações.

Recompense o bom comportamento. O coleguismo deveria ser levado em conta em toda avaliação de desempenho, mas muitas empresas só pensam nos resultados e costumam desconsiderar comportamentos prejudiciais. Qual é o comportamento que seu sistema de análise motiva? É muito frequente vermos organizações errarem o alvo. Querem colaboração, mas isso não está claro em suas formas de avaliação, que focam exclusivamente avaliações individuais, sem uma única medida de trabalho em equipe.

A Zappos implementou um programa de reconhecimento chamado "Wow", projetado para captar pessoas quando estão fazendo a coisa certa. Qualquer funcionário, de qualquer nível, que vê um colega fazendo algo especial pode dar como recompensa um "Wow", que inclui um bônus em dinheiro de até 50 dólares. Os que o recebem são automaticamente elegíveis para o prêmio de "Herói". Os heróis são escolhidos pelos altos executivos; eles têm direito a uma vaga coberta no estacionamento durante um mês, um cartão de presente Zappos no valor de 150 dólares e, com todo o seu brilho simbólico, uma capa de herói. Mesmo prêmios sem grandes pretensões como esses podem ser símbolos poderosos da importância da civilidade.

Penalize o mau comportamento. Mesmo as melhores empresas de vez em quando fazem contratações ruins, e os funcionários de uma firma que foi comprada por outra podem estar acostumados a normas diferentes. O certo é identificar e tentar corrigir todo comportamento problemático, mas muitas empresas evitam tomar providências, e a maioria dos incidentes não é relatada, em parte porque os funcionários sabem que não vai dar em nada. Se quiser fomentar o respeito, leve a sério as reclamações e dê resposta a elas.

Em vez de confrontar os ofensores, muitas vezes líderes optam por uma solução mais fácil – transferi-los. O resultado é previsível: o comportamento continua em outro cenário. Um gerente nos contou que seu departamento tinha sido tão prejudicado por isso que deixaram de fazer seleção interna para cargos gerenciais.

Às vezes o melhor caminho é mandar alguém embora. Danny Meyer, dono de muitos restaurantes de sucesso em Manhattan, demite talentos que tenham comportamento grosseiro. Chefes talentosos porém rudes não duram em seus restaurantes porque transmitem vibrações ruins.

Meyer acredita que os clientes são capazes de *sentir o gosto* da incivilidade de um funcionário, mesmo quando esse comportamento acontece na cozinha.

Muitas grandes firmas de advocacia, hospitais e negócios com que lidamos têm aprendido, da maneira mais difícil, que simplesmente não vale a pena manter funcionários que apresentam comportamento ofensivo, mesmo que essas pessoas saibam até fazer chover ou sejam protegidas de alguém. Quer tenham provocado processos de milhões de dólares ou sido responsáveis pela saída de multidões de funcionários, em geral as perdas poderiam ter sido mitigadas por uma ação imediata e resoluta. Um executivo sênior de uma companhia muito bem-sucedida nos disse: "Todo erro que cometemos ao demitir alguém cuja contratação seria questionável foi o de ter agido tarde demais, não cedo demais."

Faça entrevistas após demissões. A memória organizacional se perde depressa. É crucial, portanto, reunir informações e refletir sobre experiências e reações de funcionários que vão embora por causa da incivilidade. Se você perguntar a quem está saindo da organização o motivo por que está indo embora, em geral obterá respostas vagas. Entrevistas realizadas cerca de seis meses depois podem produzir um quadro mais verdadeiro. Falar com ex-funcionários depois de terem se distanciado da organização e se estabelecido em seus novos ambientes de trabalho pode propiciar insights sobre a transgressão de civilidade que os fez irem embora.

Empresas com as quais trabalhamos calculam que o custo da incivilidade pode chegar à casa dos milhões. Há alguns anos, a Cisco montou uma estimativa detalhada de quanto a incivilidade estava custando à companhia. Isso influenciava sua reputação como um bom local de trabalho, sugerindo que havia uma probabilidade extremamente baixa de ocorrer grosseria entre seus funcionários. Mesmo nesse local de trabalho exemplar, estimou-se que a incivilidade custava 12 milhões de dólares por ano. Essa constatação levou a Cisco à criação de seu programa de civilidade global no local de trabalho.

Concluímos com uma advertência aos que pensam que a civilidade consistente é uma extravagância: um único funcionário que costuma ser ofensivo ocupando um cargo importante pode custar caro à empresa em termos de funcionários, clientes e produtividade perdidos.

Publicado originalmente em janeiro-fevereiro de 2013.

7
O mecanismo da resiliência

Diane L. Coutu

QUANDO COMECEI MINHA CARREIRA JORNALÍSTICA como repórter de uma revista de circulação nacional, havia na redação um homem a quem chamarei de Claus Schmidt. Ele tinha uns 50 e poucos anos e, para uma jovem facilmente impressionável, era a encarnação do jornalista das antigas: às vezes cínico, mas implacavelmente curioso e cheio de vida, e com frequência muito engraçado, ainda que de um modo meio grosseiro. Produzia matérias de capa e outros artigos contundentes com uma rapidez e uma elegância com as quais eu apenas podia sonhar. Sempre me surpreendeu o fato de ele nunca ter sido promovido a editor-executivo.

As pessoas que conheciam Claus melhor do que eu o viam não apenas como um grande jornalista, mas também como um sobrevivente por excelência, alguém que resistia bravamente em um ambiente muitas vezes hostil ao talento. Ele passara por pelo menos três grandes mudanças na liderança da revista, perdendo a maioria de seus melhores amigos e colegas pelo caminho. Em casa, dois de seus filhos sucumbiram a doenças incuráveis e o terceiro morreu em um acidente de trânsito. Apesar de tudo – ou talvez por causa de tudo isso –, ele andava pela redação, dia após dia, orientando os novatos e falando sobre os livros que escrevia – sempre aguardando com expectativa o que o futuro poderia lhe trazer.

Por que algumas pessoas passam por adversidades e não esmorecem? Claus Schmidt poderia ter reagido de forma bem diferente. Todo mundo já viu esse filme. Alguns indivíduos parecem não conseguir readquirir a autoconfiança depois de serem demitidos; outros, deprimidos após o divórcio, passam alguns anos desligados da vida. A pergunta que gostaríamos de ver respondida é: por quê? Qual é exatamente essa característica da resiliência que faz com que essas pessoas sigam em frente?

Trata-se de uma questão que me fascina desde que aprendi sobre os sobreviventes do Holocausto no ensino fundamental. Na faculdade, e mais tarde durante meus estudos como pesquisadora na Boston Psychoanalytic Society and Institute, retomei o assunto. Nos últimos meses, no entanto, redobrei minha atenção sobre o tema, pois me parece que o terrorismo, a guerra e a recessão tornaram a compreensão acerca da resiliência mais importante do que nunca. Tenho estudado tanto a natureza da resiliência individual quanto o que torna algumas organizações mais resilientes do que outras. Por que algumas pessoas e algumas organizações cedem sob pressão? E o que faz com que outras se curvem e, no final, voltem a se erguer?

Minhas pesquisas me ensinaram muito, embora a resiliência seja um tema que jamais entenderemos por completo. De fato, é um dos grandes mistérios da natureza humana, como a criatividade e o instinto religioso. Mas, ao estudar as pesquisas psicológicas e ao refletir sobre as numerosas histórias que ouvi, consegui vislumbrar um pouco mais dos corações e mentes de pessoas como Claus Schmidt e, assim, também observei com mais profundidade a psique humana.

O frenesi acerca da resiliência

No ambiente corporativo, a resiliência é um assunto em alta. Há pouco tempo, eu conversava com um sócio sênior de uma respeitada consultoria sobre como selecionar os melhores profissionais com MBA – o quesito mais importante naquele setor. O sócio, Daniel Savageau (nome fictício),

> ## Em resumo
>
> Vivemos tempos sombrios: pessoas perdem o emprego, aceitam redução de salário, são despejadas. Algumas desmoronam – afundando na depressão ou sofrendo uma perda de confiança permanente.
>
> Mas outras se recuperam. Por exemplo: tem gente que tira vantagem de uma demissão para construir uma nova carreira. O que faz alguém sobreviver aos tempos ruins? A resiliência.
>
> Pessoas resilientes possuem três características que as definem: aceitam com calma a realidade difícil que enfrentam; encontram sentido em épocas terríveis; e têm uma extraordinária capacidade de improviso, usando o que estiver à mão.
>
> Durante recessões profundas, a resiliência se torna mais importante do que nunca. Felizmente, é possível aprender a ser resiliente.

assinalou os itens de uma longa lista de qualidades que sua empresa procurava nas contratações: inteligência, ambição, integridade, capacidade analítica e assim por diante.

– E quanto à resiliência? – perguntei.

– Bem, é uma qualidade bastante popular no momento – disse ele. – É a palavra da moda. Os candidatos chegam a nos dizer que são resilientes antes mesmo de perguntarmos. Francamente, eles são jovens demais para saber. Resiliência é algo que só descobrimos que temos *depois* de passar por alguma experiência.

– Mas, se fosse possível, você faria um teste para averiguar? Isso tem importância no mundo dos negócios?

Savageau fez uma pausa. Ele tem quase 50 anos e é bem-sucedido nas esferas pessoal e profissional. No entanto, não teve uma trajetória totalmente tranquila até o topo. Começou a vida profissional nos Estados Unidos como um canadense de origem francesa de poucos recursos, que perdera o pai aos 6 anos. Teve a sorte de receber uma bolsa de estudos para jogar futebol americano, mas foi expulso duas vezes da Boston University por embriaguez. Quando tinha 20 e poucos anos, sua vida deu uma reviravolta – casou, se divorciou, voltou a casar e criou cinco filhos. No caminho,

Na prática

A resiliência pode ajudá-lo a sobreviver e a se recuperar até das experiências mais brutais. A fim de cultivá-la, siga estes passos:

Encare a realidade
Em vez de cair em negação ao lidar com a adversidade, veja a realidade de sua situação com sobriedade e pé no chão. Assim você se prepara para resistir – ensaiando para sobreviver antes do evento.

> *Exemplo:* O almirante Jim Stockdale sobreviveu à prisão e à tortura pelos vietcongues, em parte, ao aceitar que poderia ficar preso por muito tempo. (Ele ficou aprisionado por oito anos.) Aqueles que não conseguiram sair dos campos supunham, com otimismo, que seriam libertados logo – no Natal, na Páscoa, no Quatro de Julho. "Acho que todos morreram de desilusão", disse Stockdale.

Busque sentido
Quando os tempos difíceis chegarem, resista a qualquer impulso de se ver como vítima e perguntar "Por que eu?". Desenvolva reflexões sobre seu sofrimento a fim de criar sentido para você e para os outros. Você construirá pontes de sua provação atual para um futuro melhor, mais completo. Essas pontes farão com que o presente seja administrável, pois removerão a sensação de que ele é insuportável.

> *Exemplo:* O psiquiatra austríaco Victor Frankl, sobrevivente de Auschwitz, percebeu que precisava encontrar algum sentido para suportar sua provação. Então se imaginou dando uma palestra, depois da guerra, sobre a psicologia dos campos de concentração para ajudar os que ficaram do lado de fora a entender as coisas pelas quais ele passara. Ao criar objetivos concretos para si, ele superou os sofrimentos do momento.

> **Improvise continuamente**
>
> Quando o desastre bater à porta, seja criativo. Faça o melhor que puder com o que tem, usando seus recursos de modos inusitados, e imagine possibilidades que os outros não veem.
>
> *Exemplo:* Mike montou um negócio com o amigo Paul para vender material educativo para escolas, empresas e consultorias. Quando o país entrou em recessão, eles perderam muitos clientes. Paul passou por um divórcio difícil, teve depressão e não conseguia trabalhar. Quando Mike se ofereceu para comprar a parte dele, Paul entrou com um processo, alegando que Mike estava tentando roubar o negócio.
>
> Mike manteve a empresa funcionando como pôde, associando-se em joint-ventures para vender material de treinamento em inglês para organizações chinesas e russas, publicando newsletters para clientes e até escrevendo roteiros de vídeos para a concorrência. No final, o processo foi decidido a seu favor, e ele ficou com um negócio novo e muito mais sólido do que o anterior.

conseguiu juntar e perder duas fortunas antes de ajudar a criar a empresa de consultoria que atualmente dirige.

– Tem, sim – falou por fim. – Na verdade, provavelmente importa mais do que qualquer característica que normalmente buscamos nas pessoas.

Durante o período que passei estudando para escrever este artigo, ouvi a mesma declaração várias vezes. Como relata Dean Becker, presidente e CEO da Adaptiv Learning Systems, empresa de King of Prussia, na Pensilvânia, que desenvolve e vende programas de treinamento para resiliência: "Mais do que a escolaridade, mais do que a experiência, mais do que o treinamento, é o nível de resiliência que determina quem é bem-sucedido e quem fracassa. Isso pode ser verificado na ala de oncologia dos hospitais, nas Olimpíadas e na sala de reuniões."

A pesquisa acadêmica sobre a resiliência começou há cerca de 40 anos, com os estudos pioneiros feitos por Norman Garmezy, hoje professor emérito da Universidade de Minnesota, em Minneapolis, Estados Unidos. Depois de pesquisar por que muitos filhos de pais esquizofrênicos não sofriam males psicológicos, apesar da convivência, ele concluiu que um tipo de resiliência tem um papel maior na saúde mental do que se suspeitava.

Hoje em dia, sobram teorias acerca do que compõe a resiliência. Ao analisar vítimas do Holocausto, Maurice Vanderpol, ex-presidente da Boston Psychoanalytic Society and Institute, descobriu que muitos dos sobreviventes saudáveis dos campos de concentração tinham o que ele chama de "escudo plástico". O escudo era composto por vários fatores, entre eles o senso de humor. Com frequência o humor era mórbido, mesmo assim fornecia um senso de perspectiva crítico. Outras características essenciais eram a capacidade de estabelecer relações com os outros e de possuir um espaço psicológico interno, o que protegia os sobreviventes das invasões de pessoas abusivas. Pesquisas sobre outros grupos revelaram diferentes qualidades associadas à resiliência.

O Search Institute, organização sem fins lucrativos baseada em Minneapolis especializada na resiliência e na juventude, descobriu que crianças mais resilientes têm uma capacidade excepcional de fazer com que os adultos as ajudem. Outras pesquisas ainda mostraram que jovens resilientes residentes em bairros pobres com frequência têm talentos, tais como habilidade esportiva, que atraem outras pessoas.

Muitas das teorias iniciais enfatizavam o papel da genética. Algumas pessoas simplesmente nascem resilientes, diziam os argumentos. Existe alguma verdade nisso, claro, mas um conjunto cada vez maior de evidências empíricas demonstra que a resiliência – seja em crianças, em sobreviventes de campos de concentração ou em negócios ressurgidos do nada – pode ser aprendida. Por exemplo, George Vaillant, diretor de Estudos de Desenvolvimento Adulto da Harvard Medical School, observa que, entre diversos grupos analisados durante um período de 60 anos, alguns indivíduos se tornaram marcadamente mais resilientes com o passar dos anos. Outros psicólogos alegam que pessoas não resilientes desenvolvem habilidades de resiliência com mais facilidade do que aquelas com uma vantagem inicial.

A maioria das teorias com que me deparei durante a pesquisa é bastante sensata. Mas também observei que quase todas se sobrepõem de três maneiras. Pessoas resilientes, afirmam, possuem três características: uma aceitação ferrenha da realidade; uma crença profunda, com frequência baseada em valores enraizados, em que a vida tem sentido; e uma capacidade excepcional de improvisar. É possível se recuperar de reveses com apenas uma ou duas dessas qualidades, mas a pessoa só é realmente resiliente se tiver as três. Essas três características também valem para as organizações. Vamos dar uma olhada em cada uma delas.

Enfrentar a realidade

Uma crença comum acerca da resiliência é em que ela seria resultado de uma natureza otimista. Isto é verdadeiro apenas se esse otimismo não distorcer a noção de realidade. Em situações extremamente adversas, o pensamento cor-de-rosa pode, na verdade, significar desastre. Esse ponto me foi relatado de forma comovente pelo pesquisador de administração e escritor Jim Collins, que se deparou com esse conceito em sua pesquisa para *Empresas feitas para vencer*, livro sobre como as empresas se transformam a partir da mediocridade. Collins tinha o palpite (equivocado) de que as empresas resilientes estavam repletas de gente otimista. Ele testou essa ideia no almirante Jim Stockdale, preso e torturado pelos vietcongues durante oito anos.

Collins recorda: "Perguntei a Stockdale: 'Quem não conseguiu sair dos campos?' E ele disse: 'Ah, isso é fácil. Foram os otimistas. Eram eles que diziam que iríamos sair até o Natal. E depois disseram que sairíamos até a Páscoa, e depois até o Quatro de Julho, e até o Dia de Ação de Graças, e depois novamente no Natal.' Então Stockdale se virou para mim e disse: 'Sabe, acho que todos morreram de desilusão.'"

No mundo dos negócios, Collins se deparou com a mesma atitude impassível, compartilhada por executivos nas empresas mais bem-sucedidas que estudou. Como Stockdale, pessoas resilientes têm uma visão bastante sóbria e sensata em relação às partes da realidade que importam para a sobrevivência. Não quero dizer com isso que não há espaço para o otimismo: a fim de reverter uma força de venda desmoralizada, por exemplo, evocar um sentimento de possibilidade pode ser uma ferramenta bastante poderosa. Mas, para desafios maiores, uma noção de realidade mais indiferente, quase pessimista, é muito mais importante.

Talvez você se pergunte: "Realmente compreendo – e aceito – a realidade da minha situação? Minha empresa compreende?" São boas perguntas, principalmente porque a pesquisa sugere que a maioria das pessoas entra em negação como mecanismo de sobrevivência. Enfrentar a realidade, realmente enfrentá-la, é um trabalho extenuante. De fato, pode ser desagradável e com frequência é devastador em termos emocionais. Vamos analisar a seguinte história sobre resiliência organizacional e ver o que significa confrontar a realidade.

Antes de 11 de setembro de 2001, o Morgan Stanley, o famoso banco de investimentos, era o maior locatário do World Trade Center. A empresa tinha cerca de 2.700 funcionários trabalhando na torre sul, em 22 andares, entre o 43º e o 74º. Naquele dia terrível, o primeiro avião acertou a torre norte às 8h46 da manhã, e o Morgan Stanley começou a ser evacuado um minuto depois, às 8h47. Quando o segundo avião se abateu contra a torre sul, 15 minutos depois, os escritórios do Morgan Stanley estavam praticamente vazios. A empresa perdeu sete de seus funcionários, apesar de ter sido praticamente atingida em cheio.

É óbvio que foi pura sorte a organização estar localizada na segunda torre. Cantor Fitzgerald, cujos escritórios foram atingidos no primeiro ataque, não poderia ter feito nada para salvar seus funcionários. Ainda assim, foi o realismo implacável do Morgan Stanley que possibilitou que a empresa se beneficiasse de sua sorte. Logo depois do ataque de 1993 ao World Trade Center, os administradores seniores reconheceram que trabalhar em um local tão simbólico, espelho do poder comercial dos Estados Unidos, tornava a empresa vulnerável à atenção de terroristas e a possíveis ataques.

Com essa compreensão sombria, o Morgan Stanley lançou um programa de preparação em nível micro. Poucas empresas levam a sério o exercício de simulação de incêndio, mas isso não acontece no Morgan Stanley, cujo vice-presidente de segurança no Grupo de Investimento Individual, Rick Rescorla, adotou uma disciplina militar no trabalho. Veterano condecorado do Vietnã e altamente resiliente, Rescorla fez questão de assegurar que as pessoas saberiam exatamente o que fazer no caso de uma catástrofe. Quando o desastre se instalou no 11 de Setembro, Rescorla pegou o megafone e mandou os funcionários manterem a calma e seguirem as regras que já tinham praticado tanto, embora alguns supervisores do edifício insistissem em que estava tudo bem. Infelizmente, o próprio Rescorla, cuja história de vida foi bastante examinada nos últimos meses, foi um dos sete que não conseguiram se salvar.

"Quando se trabalha na área financeira, onde se depende muito da tecnologia, o planejamento de contingência é grande parte do negócio", diz o presidente e executivo-chefe de operações Robert G. Scott. Mas o Morgan Stanley estava preparado para uma realidade bastante crua. Tinha não apenas um, mas três pontos de encontro para os funcionários, de onde as estratégias seriam conduzidas caso os escritórios fossem danificados. "Ter escritórios para emergências parecia uma enorme extravagância no dia 10 de setembro", reconhece Scott. "Mas, no dia 12 de setembro, virou uma ideia genial."

Talvez fosse genial; sem dúvida, foi uma obra da resiliência. O fato é que, quando realmente encaramos a realidade, podemos nos preparar para agir, nos tornando capazes de enfrentar e sobreviver a adversidades extremas. Nós nos treinamos a sobreviver antes que o fato aconteça.

A busca por significado

A capacidade de enxergar a realidade está intimamente ligada ao segundo tijolo que forma a resiliência: a propensão a ver sentido nos tempos terríveis. Todos nós conhecemos aqueles que, no sofrimento, jogam as mãos para o alto e gritam: "Como isso pode estar acontecendo comigo?" Enxergam a si mesmos como vítimas e não aprendem nada ao passar por momentos difíceis. Mas pessoas resilientes elaboram cenários sobre seu sofrimento, a fim de criar uma espécie de significado para si mesmas e para os outros.

Tenho uma amiga, a quem chamarei de Jackie, que passou por diversos episódios de psicose durante um período de 10 anos por sofrer de transtorno bipolar não diagnosticado. Atualmente, ela tem um ótimo emprego em uma das principais editoras do país, constituiu família e é membro importante de sua comunidade religiosa. Quando lhe perguntam como se recuperou das crises, ela passa as mãos no cabelo. "Às vezes as pessoas dizem: 'Por que eu?' Mas eu sempre disse: 'Por que não eu?' É verdade, perdi muitas coisas ao longo de minha doença, mas encontrei muitas mais: amigos incríveis que me ajudaram durante os tempos mais sombrios e que darão sentido à minha vida para sempre."

Essa dinâmica de dar sentido é, segundo a maioria dos pesquisadores, o modo como pessoas resilientes constroem pontes que ligam os dias de adversidade a um futuro melhor, mais completo. Essas pontes tornam o presente administrável ao remover a sensação de que ele é insuportável. Esse conceito foi lindamente articulado por Viktor E. Frankl, psiquiatra austríaco e sobrevivente de Auschwitz. Em meio a um sofrimento assombroso, Frankl inventou a "terapia do sentido", ou a logoterapia, uma técnica de terapia humanística que ajuda os indivíduos a tomar os tipos de decisão que vão criar significado para sua vida.

Em seu livro *Em busca de sentido*, Frankl descreveu o momento fundamental, no campo de concentração, em que desenvolveu a terapia do sentido. Estava a caminho do trabalho forçado, decidindo, preocupado, se deveria trocar seu último cigarro por um prato de sopa. Perguntava-se como iria trabalhar com um novo capataz que sabia ser particularmente sádico. Então ficou desgostoso ao constatar como sua vida tinha se tornado trivial e sem sentido. Percebeu que, para sobreviver, teria que encontrar algum propósito. Frankl passou a se imaginar dando uma palestra, depois da guerra, sobre a psicologia do campo de concentração, a fim de ajudar os que haviam ficado do lado de fora a entender o que ele havia enfrentado. Mesmo sem ter certeza de que sobreviveria, Frankl estabeleceu alguns objetivos concretos para si. Assim, conseguiu superar os sofrimentos do momento. Como escreveu em seu livro: "Não devemos nunca esquecer que podemos encontrar o sentido da vida mesmo quando confrontados com uma situação desanimadora, quando enfrentamos um destino que não pode ser mudado."

A teoria de Frankl é a base da maioria dos treinamentos de resiliência nos negócios. De fato, fiquei surpresa com a frequência com que sua obra é mencionada por homens de negócios. "Treinamento de resiliência – o que chamamos de endurecer – é uma forma de ajudar as pessoas a dar sentido ao cotidiano", explica Salvatore R. Maddi, professor de psicologia da Universidade da Califórnia, em Irvine, e diretor do Hardiness Institute, em Newport Beach, Califórnia. "Quando as pessoas percebem a força do treinamento em resiliência, em geral dizem: 'Doutor, isso é psicoterapia?' Mas psicoterapia é para as pessoas cuja vida se desmantelou de modo drástico e precisa de conserto. Vemos nosso trabalho como um modo de mostrar habilidades e atitudes para a vida das pessoas. Talvez essas lições devessem ser ensinadas em casa ou na escola, mas não são. Então acabamos fazendo isso na empresa."

No entanto, o desafio que treinadores em resiliência enfrentam é quase sempre mais difícil do que podemos imaginar. O sentido pode ser esquivo, e só porque o encontramos uma vez isso não significa que vamos mantê-lo ou encontrá-lo de novo. Vejamos o exemplo de Aleksandr Soljenítsin, que sobreviveu à guerra contra os nazistas, à prisão no gulag e ao câncer. Quando se mudou para uma fazenda no pacífico e seguro estado americano de Vermont, não conseguiu lidar com o "Ocidente infantil". Não conseguiu identificar nenhum significado real naquilo que considerava ser uma liberdade destrutiva e irresponsável. Incomodado com seus críticos, exilou-se em sua casa com cercas e trancas, e quase nunca mais foi visto em público. Amargurado, Soljenítsin retornou à Rússia em 1994.

Uma vez que encontrar sentido no contexto pessoal é um aspecto muito importante da resiliência de cada indivíduo, não deveria ser surpresa que as organizações e pessoas mais bem-sucedidas possuam fortes sistemas de valor. Valores fortes infundem sentido, porque oferecem meios de interpretar e moldar acontecimentos. Embora hoje em dia esteja em voga ridicularizar os valores, certamente não é coincidência que a organização mais resiliente do mundo seja a Igreja Católica, que sobreviveu a guerras, corrupção e rupturas por mais de 2 mil anos, em grande parte devido a seus dogmas. Os negócios que sobrevivem também têm crenças que lhes fornecem um propósito além de simplesmente ganhar dinheiro. É notável como muitas empresas descrevem isso em termos religiosos. A gigante farmacêutica Johnson & Johnson, por exemplo, chama de O Credo sua carta de princípios, entregue a todos os novos funcionários. A UPS constantemente cita seu Propósito Nobre.

Sistemas de valor em empresas resilientes mudam muito pouco com o passar dos anos e as sustentam em tempos de crise. O presidente e CEO da UPS, Mike Eskew, acredita que o Propósito Nobre tenha auxiliado a empresa a se recuperar depois da paralisação de 1997. Ele diz: "Foi uma época muito difícil, como uma briga de família. Todo mundo tinha amigos dos dois lados e foi complicado escolher uma posição. O que nos salvou foi o Propósito Nobre. Independentemente do lado que assumiram, todos compartilhavam um conjunto comum de valores. Esses valores são essenciais para nós e nunca mudam; eles emolduram nossas decisões mais importantes. Nossa estratégia e nossa missão podem mudar, mas nossos valores, nunca."

A conotação religiosa de palavras como "credo", "princípios" e "propósito nobre", no entanto, não deve ser confundida com o conteúdo real do que defendem. As empresas podem ter valores eticamente questionáveis e ainda assim ser bastante resilientes. Vejamos a Phillip Morris, que demonstrou resiliência impressionante diante da impopularidade crescente. Como observa Jim Collins, a Phillip Morris tem valores bastante fortes, ainda que não concordemos com eles – por exemplo, aquele que defende a "escolha adulta". Mas não há dúvida de que os executivos da Phillip Morris acreditam firmemente nesses valores, e a força de sua crença mantém a empresa à parte da maioria das outras companhias de tabaco. Nesse contexto, é importante notar que a resiliência não é nem má nem boa em termos éticos. Trata-se apenas da habilidade e da capacidade de ser forte sob condições de estresse e durante grandes mudanças. Como escreveu Victor Frankl: "Em geral, somente conseguiram se manter vivos aqueles prisioneiros que, depois de passarem anos indo de um campo a outro, haviam perdido todos os seus escrúpulos na luta pela existência; eles estavam preparados para usar qualquer meio, honesto ou não, até mesmo brutal... a fim de se salvarem. Nós que voltamos... sabemos: os melhores não retornaram."

Valores positivos ou negativos são, na verdade, mais importantes para a resiliência nas organizações do que ter pessoas resilientes na folha de pagamento. Se os funcionários resilientes estão todos interpretando a realidade de modo diferente, suas decisões e ações podem muito bem entrar em conflito, colocando em risco a sobrevivência da organização. E, quando a fraqueza de uma organização se torna evidente, indivíduos altamente resilientes têm maior probabilidade de descartar a organização do que de colocar a própria sobrevivência em jogo.

Criatividade ritualizada

O terceiro tijolo com o qual se constrói a resiliência é a capacidade de se virar com o que está disponível. Os psicólogos seguiram o exemplo do antropólogo francês Claude Lévi-Strauss, que chamou essa capacidade de bricolagem.[1] Surpreendentemente, a raiz dessa palavra está intimamente ligada ao conceito de resiliência, que literalmente significa "se virar". Lévi-Strauss diz: "Antigamente o verbo *bricoler* (...) era usado em referência a algum movimento diferente, peculiar: uma bola que rebate, um cão que se desgarra, ou um cavalo que dá uma guinada a fim de evitar um obstáculo."

Bricolagem, no sentido moderno, pode ser definida como um tipo de criatividade, a capacidade de improvisar uma solução para um problema sem ter as ferramentas ou os materiais adequados. Os *bricoleurs* estão sempre mexendo em alguma coisa – montando rádios com peças caseiras ou consertando o próprio carro. Tiram o máximo do que têm e encontram novos usos para os objetos. Nos campos de concentração, por exemplo, prisioneiros resilientes recolhiam pedaços de fio ou fiação sempre que os encontravam. Aquilo poderia se tornar útil mais tarde – talvez para consertar um par de sapatos que, em temperaturas baixíssimas, poderia fazer a diferença entre a vida e a morte.

Quando as situações se desdobram, os *bricoleurs* imaginam possibilidades enquanto os outros ficam confusos. Tenho dois amigos, que vou chamar de Paul Shield e Mike Andrews, que dividiram o quarto comigo durante os anos de faculdade. Não foi surpresa para ninguém quando, depois de se formarem, montaram um negócio juntos para vender material educativo para escolas, empresas e consultorias. No começo, a empresa foi um grande sucesso, tornando os dois fundadores milionários. Mas a recessão do começo da década de 1990 atingiu a empresa em cheio, e muitos clientes debandaram. Na mesma época, Paul passou por um divórcio difícil e por uma depressão que o impossibilitou de trabalhar. Mike se ofereceu para comprar a parte de Paul, mas foi surpreendido por um processo judicial, sob a alegação de que estava tentando roubar o negócio. Nesse momento, uma pessoa menos resiliente poderia simplesmente se afastar da confusão. Mas não Mike. Enquanto o caso tramitava pelos tribunais, ele manteve a empresa como podia – transformando várias vezes o negócio até achar um modelo que funcionasse: formar joint-ventures para vender material

---

[1] Veja Karl E. Weick, "The Collapse of Sense-Making in Organizations: The Mann Gulch disaster", *Administrative Science Quaterly*, dezembro de 1993.

de treinamento em inglês para empresas chinesas e russas. Mais tarde, ele diversificou para a publicação de newsletters para clientes. A certa altura, chegou a escrever roteiros de vídeo para os concorrentes. Graças a toda essa bricolagem, quando o processo foi decidido a seu favor, Mike tinha um negócio completamente diferente e bem mais sólido do que aquele que havia começado.

A bricolagem também pode ser praticada em um nível mais elevado. Richard Feynman, ganhador do Prêmio Nobel de Física em 1965, exemplificou o que gosto de chamar de bricolagem intelectual. Por pura curiosidade, Feynman se tornou um especialista em arrombar cofres, não apenas observando a mecânica do arrombamento, mas também juntando percepções psicológicas sobre pessoas que usam cofres e definem os códigos. Ele arrombou muitos dos cofres de Los Alamos, por exemplo, porque imaginava que físicos teóricos não criariam códigos com números aleatórios, fáceis de esquecer, mas usariam, pelo contrário, uma sequência com significado matemático. No final, descobriu que os códigos dos três cofres que continham todos os segredos da bomba atômica foram definidos com a mesma constante matemática, cujos seis primeiros dígitos são 271828.

Organizações resilientes estão lotadas de *bricoleurs*, ainda que nem todos sejam um Richard Feynman. De fato, empresas que sobrevivem encaram o improviso como habilidade essencial. Vejamos a UPS, que dá poder aos motoristas para fazer o que for preciso a fim de entregar pontualmente um pacote. O CEO Eskew afirma: "Dizemos a nossos funcionários para fazer o trabalho. Se precisarem improvisar, eles vão improvisar. De outra forma, simplesmente não poderíamos fazer o que fazemos todos os dias. Pense em tudo que pode dar errado: um semáforo quebrado, um pneu furado, uma ponte interditada. Se uma nevasca atingir Lousville hoje à noite, um grupo de pessoas vai discutir como resolver o problema. Ninguém impõe uma solução única. Elas se reúnem porque essa é a nossa tradição."

Fiel a essa tradição, a empresa já entregava pacotes no sudeste da Flórida apenas um dia depois de o furacão Andrew ter devastado a região em 1992, causando bilhões de dólares em prejuízo. Muitas pessoas estavam vivendo em seus carros porque suas casas haviam sido destruídas. No entanto, os motoristas e gerentes da UPS classificavam pacotes em outro local e faziam entregas mesmo para aqueles que estavam confinados nos automóveis. Em grande parte, foi sua capacidade de improvisação que permitiu que ela continuasse a funcionar depois da catástrofe. E esse fato criou um sentido de propósito e significado em meio ao caos.

A improvisação do tipo praticada pela UPS, no entanto, passa longe da criatividade desenfreada. Na verdade, de modo muito similar aos militares, a UPS vive de acordo com regras e regulamentos. Como diz Eskew: "Os motoristas sempre colocam a chave no mesmo lugar. Fecham a porta do mesmo modo. Usam o uniforme do mesmo jeito. Somos uma empresa de precisão." Ele acredita que, embora pareçam sufocantes, foram as regras que permitiram à empresa reagir rapidamente após o furacão Andrew, pois possibilitou que as pessoas se concentrassem nos reparos essenciais para continuar o trabalho.

A opinião de Eskew encontra eco em Karl E. Weick, professor de comportamento organizacional na Escola de Administração da Universidade de Michigan, em Ann Arbor, e um dos mais respeitados pensadores da psicologia organizacional. "Existem muitas evidências de que, quando colocadas sob pressão, as pessoas regridem aos modos mais habituais de reação que conhecem", escreveu Weick. "O que não esperamos sob pressão, em risco de vida, é ter criatividade." Em outras palavras, as regras e os regulamentos que fazem com que algumas empresas pareçam menos criativas podem, na verdade, torná-las mais resilientes em épocas de turbulência real.

Claus Schmidt, o jornalista que mencionei no início, morreu no fim da década de 1990, mas não sei se conseguiria entrevistá-lo se estivesse vivo. Acho que teria sido esquisito perguntar: "Claus, você realmente enfrentou a realidade? Conseguiu encontrar sentido nas adversidades? Improvisou sua recuperação depois de cada desastre profissional e pessoal?" Talvez ele não fosse capaz de responder. Pela minha experiência, pessoas resilientes não costumam se descrever assim. Elas minimizam suas histórias de sobrevivência e com frequência dizem que se tratou de sorte.

Obviamente, a sobrevivência muitas vezes é mesmo uma questão de sorte. Foi sorte do Morgan Stanley ter escritórios na torre sul do World Trade

Center, o que permitiu que os funcionários pudessem pôr em prática seu treinamento. Mas ter sorte não é o mesmo que ser resiliente. A resiliência é um reflexo, um modo de encarar e compreender o mundo profundamente enraizado na mente e na alma do indivíduo. As pessoas e as empresas resilientes enfrentam a realidade com convicção, encontram sentido nas adversidades, em vez de chorar de desespero, e improvisam soluções do nada. Outras não conseguem. Essa é a natureza da resiliência, e nunca vamos entendê-la por completo.

Publicado originalmente em maio de 2002.

8

Agilidade emocional

Como líderes eficientes administram seus pensamentos e sentimentos negativos
Susan David e Christina Congleton

DEZESSEIS MIL É O NÚMERO DE PALAVRAS que falamos, em média, todos os dias. Imagine então quantas expressões não pronunciadas passam pela nossa cabeça. A maioria delas não são fatos, mas avaliações e julgamentos entrelaçados a emoções – alguns positivos e úteis (*Trabalhei duro e sou capaz de me sair bem nessa apresentação; Vale a pena discutir esta questão; O novo diretor parece ser acessível*), outros negativos e não tão úteis (*Ele está me ignorando de propósito; Vou fazer papel de idiota; Sou uma fraude*).

De acordo com a opinião geral, pensamentos e sentimentos difíceis não têm lugar no ambiente de trabalho; executivos, sobretudo líderes, devem ser impassíveis ou bem-humorados; devem transmitir confiança e abafar qualquer negatividade que borbulhe dentro deles. Mas isso vai contra a biologia básica. Todo ser humano saudável tem um fluxo interno de pensamentos e sentimentos que incluem o espírito crítico, a dúvida e o medo. É apenas nossa mente exercendo a função para a qual foi projetada: tentar antecipar e resolver problemas e evitar possíveis armadilhas.

Em nossa prática de consultoria estratégica, aconselhando empresas de todo o mundo, vemos líderes tropeçar não porque *tenham* pensamentos e sentimentos indesejáveis – isso é inevitável –, mas porque são *fisgados* por eles, como peixes num anzol. Isso acontece de uma destas duas maneiras: eles acreditam nos pensamentos como se fossem fatos (*Aconteceu a mesma coisa no meu último emprego... Fui um fracasso em toda a minha carreira*) e evitam situações que possam evocá-los (*Não vou assumir aquele novo desafio*); ou, por influência de quem os apoia, desafiam a própria existência dos pensamentos e tentam racionalizá-los (*Eu não devia ter pensamentos desse tipo... Sei que não sou um fracasso total*) e talvez se obriguem a vivenciar situações semelhantes, mesmo quando elas contrariam seus valores centrais e seus objetivos (*Aceite esta nova incumbência – você tem que superar isso*). Seja como for, estão prestando demasiada atenção em sua conversa interior e permitindo que ela drene importantes recursos cognitivos que poderiam ser mais bem empregados.

Esse é um problema comum, muitas vezes perpetuado por estratégias populares de autogerenciamento. Com frequência executivos com recorrentes desafios emocionais no trabalho – ansiedade quanto a prioridades, inveja do sucesso de outros, medo de ser rejeitado, aflição por desfeitas percebidas – criam técnicas para "corrigi-los": afirmações positivas, listas de tarefas prioritárias, imersão em determinadas tarefas. Mas quando perguntamos por quanto tempo esses desafios perduravam, a resposta podia ser 10, 20 anos ou desde a infância.

Claro que essas técnicas não funcionam – na verdade, uma ampla pesquisa mostra que a tentativa de minimizar ou ignorar pensamentos e emoções serve apenas para amplificá-los. Num famoso estudo liderado pelo falecido Daniel Wegner, professor de Harvard, os participantes aos quais se recomendou que evitassem pensar em ursos brancos tiveram dificuldade para fazer isso; mais tarde, quando a proibição foi sustada, eles pensaram muito mais em ursos brancos que os membros do grupo de controle. Qualquer pessoa que tenha sonhado com bolo de chocolate e batatas fritas enquanto fazia uma dieta rigorosa entenderá esse fenômeno.

Líderes eficientes não absorvem *ou* tentam suprimir suas experiências interiores. Em vez disso, as abordam de modo consciente, produtivo e fundamentado em valores – desenvolvendo o que chamamos de *agilidade*

> ## Em resumo
>
> De acordo com a opinião geral, pensamentos e sentimentos negativos não têm lugar no ambiente de trabalho. Mas isso vai contra a biologia básica. Todo ser humano saudável tem um fluxo interno de pensamentos e sentimentos que incluem espírito crítico, dúvida e medo. David e Congleton trabalharam com líderes em várias áreas para construir uma aptidão crítica que chamaram de *agilidade emocional*, que capacita as pessoas a abordar suas experiências interiores de modo consciente, produtivo fundamentado em valores, em vez de absorvê-las ou tentar suprimi-las. Os autores oferecem quatro práticas (adaptadas da Terapia de Aceitação e Comprometimento, ou ACT), projetadas para ajudar os leitores a fazer o mesmo:
>
> - **Reconheça seus padrões.** Você deve se dar conta de que está empacado, antes de iniciar a mudança.
>
> - **Nomeie seus pensamentos e suas emoções.** O ato de nomear permite que você os veja como fontes transitórias de informações que poderão, ou não, se mostrarem úteis.
>
> - **Aceite-os.** Reaja a suas ideias e emoções com uma atitude aberta, prestando atenção e se permitindo experimentá-las. Elas podem sinalizar que há algo importante em jogo.
>
> - **Aja com base em seus valores.** Sua reação vai servir à organização no longo prazo e levar você a ser o líder que tanto deseja ser?

emocional. Em nossa complexa economia do conhecimento, em rápida transformação, essa aptidão para administrar os pensamentos e sentimentos é essencial para o sucesso nos negócios. Diversos estudos, orientados pelo professor da Universidade de Londres Frank Bond e outros, demonstram que a agilidade emocional pode ajudar a aliviar o estresse, diminuir a quantidade de erros, estimular a inovação e melhorar o desempenho no trabalho.

Trabalhamos com líderes de várias áreas para desenvolver essa aptidão tão crucial e aqui oferecemos quatro práticas – adaptadas da Terapia de Aceitação e Comprometimento (ACT na sigla em inglês), desenvolvida originalmente pelo psicólogo da Universidade de Nevada Steven C. Hayes – que vão ajudar você a: reconhecer seus padrões; nomear seus pensamentos e emoções; aceitá-los; e agir de acordo com seus valores.

Peixe no anzol

Vamos começar com dois estudos de caso. Cynthia é uma advogada sênior de uma corporação e tem dois filhos pequenos. Costumava se sentir muito culpada por ter perdido oportunidades – tanto no escritório, onde seus colegas trabalhavam 80 horas por semana enquanto ela trabalhava 50, quanto em casa, onde frequentemente estava distraída ou cansada demais para se envolver com o marido e os filhos. Uma voz insistente em sua cabeça lhe dizia que precisava ser uma funcionária melhor, sob o risco de fracassar na carreira; outra lhe dizia para ser uma mãe melhor, sob o risco de negligenciar a família. Cynthia gostaria que pelo menos uma dessas vozes se calasse. Mas nenhuma o fazia, e assim ela deixava de assumir novos e empolgantes desafios no escritório e ficava checando mensagens compulsivamente no celular durante jantares em família.

Jeffrey, um executivo em ascensão numa importante companhia, tinha um problema diferente. Inteligente, talentoso e ambicioso, estava sempre zangado – com chefes que desconsideravam suas opiniões ou com colegas que não se esforçavam. Frequentemente, perdia a paciência no trabalho e era advertido de que se controlasse. Mas, quando tentava, sentia que estava violando uma parte fundamental de sua personalidade e ficava ainda mais raivoso e aborrecido.

Esses líderes inteligentes e bem-sucedidos foram fisgados por seus pensamentos e suas emoções negativas. Cynthia estava tomada pela culpa; Jeffrey estava explodindo de raiva. Cynthia dizia às vozes que fossem embora; Jeffrey sufocava sua frustração. Ambos tentavam evitar o desconforto que sentiam. Ou eram controlados por sua experiência interna ou tentavam controlá-la.

Quais são os seus valores?

Esta lista foi extraída do Personal Values Card Sort (Cartão de Classificação de Valores Pessoais), desenvolvido por W. R. Miller, J. C'de Baca, D. B. Matthews e P. L. Wilbourne, da Universidade do Novo México. Você pode usá-la para identificar rapidamente os valores que, para você, sinalizam uma situação de desafio no trabalho. Quando tomar a próxima decisão, pergunte a si mesmo se ela é consistente com esses valores.

Abertura	Dever	Poder
Amizade	Estabilidade	Popularidade
Autenticidade	Família	Precisão
Autoconhecimento	Generosidade	Propósito
Autonomia	Graça	Racionalidade
Autoridade	Honestidade	Realismo
Aventura	Humildade	Realização
Carinho	Humor	Responsabilidade
Compaixão	Inconformidade	Riqueza
Confiabilidade	Justiça	Risco
Conhecimento	Lazer	Segurança
Contribuição	Moderação	Serviço
Cooperação	Mudança	Simplicidade
Cortesia	Ordem	Solicitude
Crescimento	Paixão	Tolerância
Criatividade	Perdão	Tradição
Desafio	Perícia	

Livrando-se do anzol

Felizmente, tanto Cynthia quanto Jeffrey se deram conta de que não poderiam continuar – pelo menos se quisessem ser felizes e bem-sucedidos – sem estratégias interiores mais eficazes. Nós os treinamos a adotar as quatro práticas.

Reconheça seus padrões

O primeiro passo para desenvolver agilidade emocional é perceber o momento em que você é fisgado por seus pensamentos e sentimentos. Isso é difícil, mas há certos sinais indicativos. Um é o seu pensamento tornar-se rígido e repetitivo. Por exemplo, Cynthia começou a ver que suas autorrecriminações pareciam um disco arranhado, repetindo sem parar a mesma mensagem. Outro é que a história que sua mente conta parece antiga, como a repetição de alguma experiência do passado. Jeffrey notou que sua atitude para com certos colegas (*Ele é incompetente; Nunca vou deixar alguém falar comigo dessa maneira*) era bem familiar. De fato, ele tinha vivenciado algo semelhante no emprego anterior – e em outro antes desse. A origem do problema não era só o entorno de Jeffrey, mas os próprios padrões de pensamento e sentimento. É preciso você perceber que está preso a isso antes de ser capaz de iniciar a mudança.

Nomeie seus pensamentos e emoções

Quando você é fisgado, a atenção que dedica a seus pensamentos e sentimentos preenche toda a sua mente; não sobra espaço para examiná-los. Uma estratégia que pode ajudar a considerar sua situação de forma mais objetiva é a simples arte de nomear. Assim como você chama uma espada de espada, chame um pensamento de pensamento e uma emoção de emoção. *Não estou fazendo o bastante no trabalho ou em casa* passa a ser *Estou tendo o pensamento de que não estou fazendo o bastante no trabalho e em casa*. Da mesma forma, *Meu colega está errado – ele me irrita* torna-se *Estou pensando que meu colega está errado e estou irritado*. A rotulação permite que você veja seus pensamentos e sentimentos como eles são: fontes passageiras de informações que podem ou não se mostrar úteis. Humanos são psicologicamente capazes de ter essa visão genérica e ampla de experiências privadas e evidências científicas demonstram que uma prática simples, direta e consciente como esta não só melhora o comportamento e o bem-estar, mas também promove mudanças biológicas benéficas no cérebro e em nível celular. Quando Cynthia começou a diminuir a frequência de seus pensamentos e passou a nomeá-los, as críticas que antes pareciam um denso nevoeiro tornaram-se mais como nuvens passando num céu azul.

Aceite-os

O contrário de controlar é aceitar – não agir de acordo com cada pensamento ou se resignar à negatividade, mas reagir a suas ideias e emoções

Avalie sua agilidade emocional

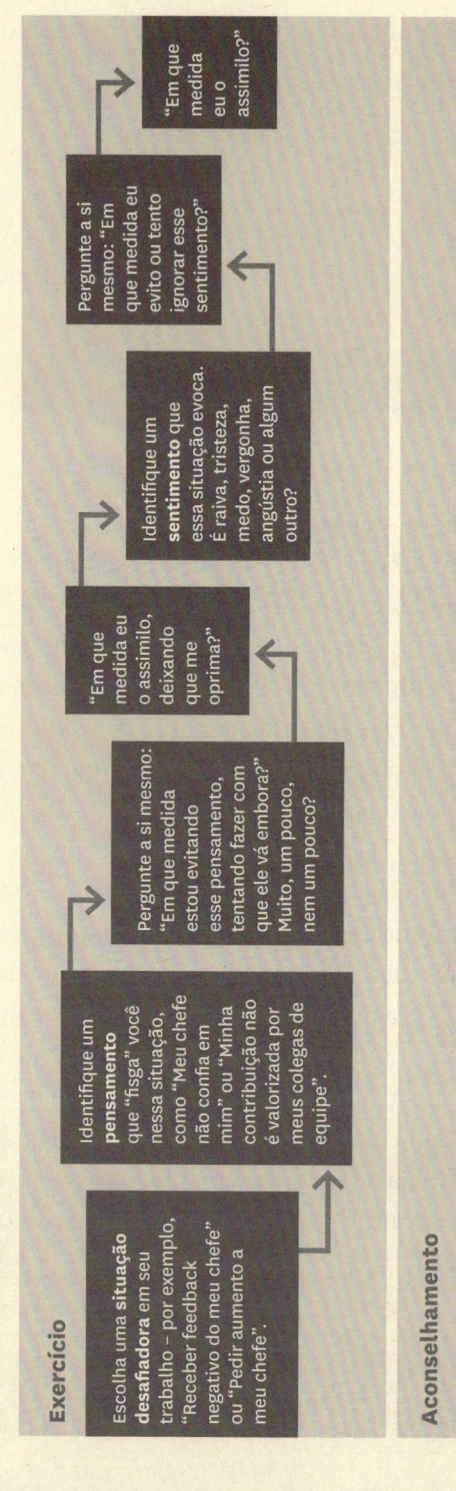

Exercício

Escolha uma **situação desafiadora** em seu trabalho – por exemplo, "Receber feedback negativo do meu chefe" ou "Pedir aumento a meu chefe".

↓

Identifique um **pensamento** que "fisga" você nessa situação, como "Meu chefe não confia em mim" ou "Minha contribuição não é valorizada por meus colegas de equipe".

↓

Pergunte a si mesmo: "Em que medida estou evitando esse pensamento, tentando fazer com que ele vá embora?" Muito, um pouco, nem um pouco?

↓

"Em que medida eu o assimilo, deixando que me oprima?"

↓

Identifique um **sentimento** que essa situação evoca. É raiva, tristeza, medo, vergonha, angústia ou algum outro?

↓

Pergunte a si mesmo: "Em que medida eu evito ou tento ignorar esse sentimento?"

↓

"Em que medida eu o assimilo?"

Aconselhamento

Se você costuma **evitar** seus pensamentos e sentimentos, tente admiti-los em vez disso. Perceba os sentimentos quando eles surgirem e verifique seu estado emocional várias vezes por dia, de modo que possa identificar a informação útil que sua mente lhe está enviando.

Se você costuma **assimilar** seus pensamentos e sentimentos, saiba onde está pisando. Respire fundo 10 vezes, reconheça-os e os nomeie — em vez de ser dominado por eles.

Se você está **alternando** entre essas duas atitudes, estude seus padrões. Preste atenção em quais são os sentimentos que está evitando e quais está assimilando de modo que possa reagir com uma das estratégias que descrevemos.

O próximo passo é empreender uma ação que corresponda a seus **valores**. (Para exemplos, veja o quadro Quais são os seus valores?, na página 134.) Identifique qual deles você quer aplicar no contexto da situação desafiadora que descreveu.

com mente aberta, prestando atenção nelas e se permitindo vivenciá-las. Respire fundo 10 vezes e perceba o que acontece nesse momento. Isso pode trazer alívio, mas não necessariamente fará com que você se sinta bem. Na verdade, você pode até se dar conta de quão aborrecido está de fato. O importante é demonstrar a si mesmo (e aos outros) alguma compaixão e examinar a realidade da situação. O que está acontecendo – interna e externamente? Quando Jeffrey reconheceu seus sentimentos de frustração e raiva e abriu espaço para eles em vez de rejeitá-los, descartá-los ou projetá-los nos outros, começou a perceber sua energia. Eles eram um sinal de que algo importante estava em jogo e de que ele precisava empreender uma ação positiva. Em vez de gritar com as pessoas, poderia ser mais claro em suas solicitações ou agir depressa numa questão urgente. Quanto mais Jeffrey aceitava sua raiva e a examinava com curiosidade, mais ele parecia sustentar, e não minar, sua liderança.

Aja de acordo com seus valores

Quando você se liberta de pensamentos e emoções mais difíceis, está expandindo suas opções. Pode decidir agir de modo a ser coerente com seus valores. Nós incentivamos líderes a focar o conceito de *funcionalidade*: sua resposta vai atender a você e a sua organização no longo prazo assim como no curto prazo? Vai ajudar você a orientar os outros numa direção que faz avançar o propósito coletivo? Você está dando um passo rumo a se tornar o líder que tanto quer ser e viver a vida que deseja? Os pensamentos fluem na mente sem parar, e emoções mudam como o clima, mas valores podem ser evocados a qualquer momento, em qualquer situação.

Quando Cynthia considerou seus valores, constatou quão profundamente estava comprometida tanto com sua família quanto com seu trabalho; gostava de estar com seus filhos, mas também se importava apaixonadamente com a busca da justiça. Desligando-se de seus desviantes e desestimulantes sentimentos de culpa, resolveu ser guiada por seus princípios. Reconheceu como era importante estar em casa toda noite para jantar com a família e resistir a interrupções de trabalho durante esse tempo. Mas também fez importantes viagens a trabalho, e algumas delas coincidiram com eventos escolares aos quais ela teria gostado de comparecer. Confiante em que seus valores, não só suas emoções, a estavam guiando, Cynthia enfim encontrou a paz e se sentiu realizada.

É impossível bloquear pensamentos e emoções difíceis. Líderes eficientes têm consciência de suas experiências interiores, mas não se deixam dominar por elas. Sabem como liberar seus recursos internos e se comprometer com ações que sejam coerentes com seus valores. Desenvolver agilidade emocional não é um processo rápido – mesmo aqueles que, como Cynthia e Jeffrey, praticam regularmente as medidas que aqui ressaltamos muitas vezes se verão "fisgados". Porém, com o tempo, líderes que se tornarem adeptos delas serão os que mais provavelmente progredirão.

Publicado originalmente em novembro de 2013.

# 9

Medo de feedback

Jay M. Jackman e Myra H. Strober

NINGUÉM GOSTA DE AVALIAÇÕES DE DESEMPENHO. Funcionários ficam apavorados com a possibilidade de só ouvirem críticas. Chefes, por sua vez, acham que os subordinados responderão até à mais amena das críticas com pedras, raiva ou lágrimas. O resultado? Todos ficam quietos e dizem o mínimo possível. Isso é lamentável, porque a maioria das pessoas precisa de ajuda para entender como podem melhorar seu desempenho e avançar na carreira.

O medo de feedback não aparece apenas durante avaliações anuais. Pelo menos metade dos executivos com quem trabalhamos *nunca* pediu feedback. Muitos esperam o pior: discussões acaloradas, demandas impossíveis ou até mesmo ameaças de demissão. Assim, em vez de buscar feedback, as pessoas evitam a verdade e continuam tentando adivinhar o que o chefe está pensando.

Medos e suposições quanto a feedback manifestam-se em comportamentos psicológicos desajustados, tais como procrastinação, negação, ruminação, inveja e autossabotagem. Mas há esperança. Os que aprendem a se adaptar ao feedback são capazes de se libertar de antigos padrões de comportamento. Podem aprender a reconhecer emoções negativas, ressignificar de modo construtivo o medo e a crítica, desenvolver metas realistas, criar sistemas de apoio e ser recompensados por conquistas ao longo do percurso.

Vamos examinar com atenção um processo de quatro etapas para fazer exatamente isso. Mas antes vejamos a razão pela qual tanta gente tem medo de ouvir como está se saindo.

O medo em si

Obviamente, alguns gerentes têm excelentes relacionamentos com seus chefes. Recebem feedback com regularidade e atuam com base nele para melhorar seu desempenho, assim como aumentar as chances de promoção. Infelizmente, porém, esses executivos são a minoria. Na maior parte das empresas o feedback costuma acontecer nas superficiais avaliações de desempenho anuais, durante as quais os gerentes pouco ouvem além do montante do próximo aumento.

As pessoas evitam feedbacks simplesmente porque odeiam ser criticadas. Psicólogos têm diversas teorias sobre os motivos de as pessoas serem tão sensíveis quanto a ouvir sobre as próprias imperfeições. Uma delas é que as pessoas associam o feedback aos comentários críticos que receberam quando jovens, de pais e professores. Seja qual for a causa de nosso desconforto, a maioria de nós precisa treinar para buscar feedback e prestar atenção ao ouvi-lo. Sem esse treino, a simples ameaça de um feedback crítico muitas vezes nos leva a ter comportamentos destrutivos, desajustados, que afetam negativamente não só nosso trabalho mas também a saúde geral de nossa organização. Seguem-se alguns exemplos desses comportamentos.

Procrastinação

Nós procrastinamos – em geral conscientemente – quando nos sentimos impotentes quanto a uma situação e estamos ansiosos, constrangidos ou insatisfeitos com ela. A procrastinação costuma envolver um elemento de hostilidade ou raiva.

Veja como Joe, um cientista da computação muito bem-sucedido numa grande companhia de tecnologia, reagiu a sua frustração por não ter sido promovido. (Em todos os exemplos deste artigo, os nomes das pessoas

> ## Em resumo
>
> Ninguém gosta de avaliações de desempenho. Funcionários ficam apavorados com a possibilidade de ouvir apenas críticas. Chefes, por sua vez, acham que seus subordinados reagirão às menores críticas com pedras, raiva e lágrimas. O resultado? Todos ficam quietos e dizem o mínimo possível. Isso é lamentável, porque a maioria das pessoas precisa de ajuda para perceber como pode melhorar seu desempenho e avançar em suas carreiras. Esse medo de feedback não aparece apenas nas avaliações anuais. Pelo menos metade dos executivos com os quais os autores trabalharam nunca pedira um feedback. As pessoas evitam a verdade, e em vez disso tentam adivinhar o que seus chefes estão pensando. Medos e suposições quanto ao feedback costumam se manifestar em comportamentos psicologicamente desajustados, como procrastinação, negação, ruminação, inveja e autossabotagem. Mas há esperança, dizem os autores. Aqueles que aprendem técnicas de adaptação são capazes de se livrar dessas reações destrutivas. Serão capazes de lidar melhor com o feedback se reconhecerem as emoções negativas, ressignificarem o medo e a crítica de modo construtivo, desenvolverem metas realistas, criarem sistemas de apoio e se recompensarem por suas conquistas ao longo do percurso. Os autores apresentam quatro etapas administráveis para fazer exatamente isso: autoavaliação, avaliação externa, absorção do feedback e ação para mudança.

foram alterados.) Embora todos na empresa respeitassem sua competência técnica, ele sentiu que algo estava errado. Em vez de avaliar com seriedade seu desempenho e pedir feedback, ele ficava preocupado com detalhes irrelevantes em seus projetos, jogava paciência no computador e com frequência deixava de cumprir prazos. Quando, em sua revisão anual, Joe perguntou sobre suas chances de promoção, o chefe destacou seu repetido fracasso em terminar os projetos a tempo ou em buscar formalmente um adiamento quando sabia que o trabalho atrasaria. Na verdade, a continuada procrastinação de Joe tornou-se um grave item em seu desempenho, que lhe custou uma promoção.

Negação

Estamos em negação quando somos incapazes de enfrentar a realidade ou não conseguimos reconhecer as implicações de nossa situação. A negação é, mais frequentemente, uma reação inconsciente.

Angela, uma gestora de nível médio numa empresa de consultoria, entrou em estado de negação quando uma esperada promoção não aconteceu. Seus superiores lhe disseram que ela não tinha se saído tão bem quanto era esperado. Disseram-lhe especificamente que ela se ausentara demais para estar com os filhos, não tinha pesquisado corretamente determinado setor, não tinha cumprido sua cota anual de trazer 10 novos clientes, etc. Toda vez que tentava resolver esses problemas, seus superiores, todos homens, a excluíam de uma promoção com uma nova série de desculpas e desafios. Na verdade, não tinham intenção de promovê-la porque eram profundamente machistas. Se aceitasse esse fato, Angela iria embora, mas preferiu viver em negação. Em vez de reconhecer que estava num beco sem saída, ela não fez nada quanto à sua situação e continuou infeliz em seu emprego.

Ruminação

Ficar ruminando, especulando e não agir é uma poderosa reação emocional, que toma a forma de preocupação mórbida e sensação de pressentimento. Diante de situações que acreditam que não podem controlar, os ruminadores recaem em passividade, paralisia e isolamento.

Adrian, um gerente de treinamento, ficou ruminando quando o chefe lhe apresentou várias metas ambiciosas. Convicto de que as metas eram irreais, Adrian concluiu que não conseguiria cumpri-las. Em vez de conversar com o chefe sobre isso, ficou desesperadamente infeliz e se isolou dos colegas. Eles, por sua vez, consideraram esse isolamento uma manifestação de desprezo e passaram a ignorá-lo. Quanto mais o evitavam, mais ele ruminava. Ao fim de seis meses essa elucubração tornou-se a autorrealização de uma profecia; como não tinha atingido nenhuma das metas, seus novos projetos foram atribuídos a outra pessoa e seu emprego ficou ameaçado.

Inveja

O ato de nos compararmos com outras pessoas é um comportamento normal, mas se torna desajustado quando se baseia em desconfiança, rivalidade, inveja ou possessividade. Pessoas invejosas podem exagerar na idealização de outras, que consideram mais talentosas, competentes e inteligentes; ao fazer isso, estão se debilitando.

Leslie, uma talentosa vice-presidente de uma empresa de relações públicas, caiu na armadilha da inveja quando o chefe observou durante uma reunião que uma de suas colegas tinha preparado um relatório excelente para um cliente. Leslie começou a se comparar com a colega, ouvindo com atenção as observações do chefe durante as reuniões e notando seus sorrisos e acenos quando falava. Achando que nunca chegaria ao nível da colega, Leslie perdeu todo o entusiasmo pelo trabalho. Em vez de pedir ao seu chefe uma avaliação, ela permitiu que o monstro da inveja a consumisse; por fim, deixou o emprego.

Autossabotagem

Exemplos de autossabotagem, geralmente um comportamento inconsciente, são bastante comuns. Até mesmo líderes nacionais, como Bill Clinton e Trent Lott, foram vítimas das próprias atitudes.

Locais de trabalho estão cheios de gente que, inconscientemente, prejudica a si mesma. Veja, por exemplo, a história de Nancy, uma jovem associada que se considerava incapaz de lidar com mais de dois projetos ao mesmo tempo. Durante sua avaliação, Nancy ressentiu-se com o feedback do chefe de que precisava melhorar sua capacidade multitarefa. Mas, em vez de discutir com ele essa observação, ela um dia, "acidentalmente", fez um comentário grosseiro sobre o chefe num ambiente no qual ele poderia ouvir. Como resultado, ele começou a procurar algum modo de se livrar dela. Mais tarde, quando Nancy foi demitida, seus sentimentos mais íntimos de incapacidade foram confirmados.

Esse e outros comportamentos desajustados são parte de um círculo vicioso que vemos acontecer em muitas organizações. De fato, não é incomum que funcionários, diante de um feedback negativo, façam chover maldições sobre seus supervisores. Não é de admirar, então, que supervisores relutem em dar feedback. Mas, quando temores reais e imaginários de funcionários não são checados, o ambiente de trabalho fica disfuncional, se não totalmente envenenado.

Aprendendo a se adaptar

Adaptar-se ao feedback – o que inevitavelmente exige que a pessoa mude, às vezes muito – é crucial para gestores que se veem em empregos, companhias e áreas que passam por frequentes mudanças. Claro que é mais fácil falar de adaptação do que implementá-la, pois resistir à mudança é algo endêmico nos seres humanos. Mas, embora a maioria das pessoas se considere incapaz de controlar as emoções negativas que são provocadas por uma mudança, isso não é verdade. É possível – e necessário – encarar a mudança de modo positivo. Usando as técnicas adaptativas a seguir, você pode alterar o modo como reage ao feedback e às mudanças que ele exige.

Reconheça suas emoções e reações

Compreender que você está sentindo medo ("Estou com medo que meu chefe me demita") e que está tendo uma reação desajustada a ele ("Vou ficar fora da vista dele e manter minha boca fechada") são os passos iniciais e críticos em direção a uma mudança adaptativa. Isso exige uma implacável honestidade consigo mesmo e um pouco de trabalho de detetive, duas coisas que o ajudarão muito a desfazer o condicionamento de anos de disfarçar seus sentimentos. Também é importante compreender que um determinado comportamento desajustado não necessariamente lhe dirá qual emoção está por trás dele: você pode estar procrastinando por raiva, frustração, tristeza ou outros sentimentos. Mas perseverar no trabalho de detetive é importante, pois a recompensa é grande. Uma vez identificadas a emoção e a reação, você pode agir – assim como alguém que tem medo de voar e mesmo assim decide embarcar num avião. Com a prática, aos poucos fica mais fácil reagir de modo diferente, mesmo que o medo, a raiva ou a tristeza permaneçam.

Maria, uma gerente de nível médio com quem trabalhamos, é um bom exemplo de alguém que aprendeu a identificar suas emoções e agir apesar delas. Maria estava atrasada vários meses nas avaliações de desempenho das três pessoas que se reportavam a ela. Quando sugerimos que estava procrastinando, perguntamos como ela se sentia quando pensava em fazer as avaliações. Após refletir um pouco, ela disse que estava extremamente ressentida por seu chefe ainda não ter completado a avaliação de desempenho dela; reconheceu que sua procrastinação era expressão da raiva que sentia dele. Nós a ajudamos a constatar que poderia agir apesar de sua raiva. De fato, Maria completou as avaliações de desempenho dos subordinados e, ao fazê-lo, sentiu como se um peso enorme tivesse sido tirado de seus ombros. Tendo completado as avaliações, percebeu que sua relação com os três subordinados logo melhorou, e seu chefe reagiu completando a avaliação de desempenho de Maria.

Devemos observar que a procrastinação de Maria não era um hábito arraigado, assim foi relativamente fácil corrigi-lo. Funcionários que começam a procrastinar como uma reação a emoções negativas pelas quais passaram no início da carreira não vão mudar tão depressa – mas acabarão conseguindo.

Obtenha apoio

Às vezes é difícil identificar suas emoções e o feedback que exige uma mudança pode deixar você se sentindo inibido e envergonhado. Por essa razão, é crucial contar com a ajuda de amigos de confiança, que vão ouvir, incentivar e dar sugestões. Muitas vezes é difícil pedir apoio, porque a maior parte das culturas corporativas espera que seus gestores sejam autoconfiantes. Não obstante, é quase impossível fazer uma mudança significativa sem esse incentivo. O apoio pode vir de muitas formas, mas deveria começar com ao menos duas pessoas – o cônjuge, um conselheiro espiritual, um antigo mentor, um velho colega de colégio – com as quais você se sente emocionalmente seguro. O ideal seria que uma dessas pessoas tivesse alguma experiência na sua área. Também pode ser útil recrutar a assistência de um consultor externo ou de um coach executivo.

Ressignifique o feedback

Outra técnica adaptativa, a ressignificação, permite que você reconstrua o processo do feedback em seu benefício. Sobretudo, isso envolve compreender a ideia de pedir feedback ou de reagir a ele sob uma luz positiva, de modo que as emoções e reações negativas não o dominem mais.

Veja o exemplo de Gary, um gerente de vendas júnior de uma grande empresa manufatureira. O chefe de Gary lhe disse que ele não estava sendo sociável com os clientes. A crítica o magoou, e Gary poderia ter reagido

Reformule sua maneira de pensar

Quase todo mundo tem pavor de avaliações de desempenho, que geralmente acontecem uma vez por ano. Mas o modo como você reage ao feedback do chefe – e a frequência com que o pede – vai afetar muito seu desempenho e suas chances de avançar na carreira. Nós descobrimos que a superação dessa sensação de pavor envolve reconhecer e identificar as emoções e os comportamentos que estão impedindo você de dar início a conversas sobre feedback. Uma vez tendo determinado quais são essas barreiras emocionais e comportamentais, é questão de reformular seus pensamentos e buscar um comportamento mais adaptativo. Abaixo, alguns exemplos de como você poderia transformar emoções negativas em pensamentos mais positivos e produtivos.

Possível emoção negativa	Reação desajustada	Declaração de reformulação
Raiva (Estou furioso com meu chefe porque ele não fala direto comigo.)	**Agir impulsivamente** (Ficar agitado, reclamando, irritado, gritando com subordinados e familiares.)	Cabe a mim providenciar o feedback de que preciso.
Ansiedade (Não sei o que vai acontecer.)	**Ficar se remoendo** (Retrair-se, roer as unhas.) **Fugir da situação** (Estou ocupado demais para pedir feedback.)	Descobrir como abrir novas oportunidades para mim.
Medo do confronto (Não quero fazer isso.)	**Negação, procrastinação, autossabotagem** (Cancelar reuniões com o chefe.)	Tomar a iniciativa me coloca no comando e me proporciona algum poder.

com negação ou ruminação. Na verdade, sua primeira reação foi interpretar o feedback como superficial. Mais tarde, no entanto, Gary conseguiu ressignificar o que tinha ouvido, primeiro admitindo-o com relutância. ("Ele tem razão, não sou muito sociável. Meu teste de Myers-Briggs deu que sou introvertido e sempre me incomodei com conversas banais.") Depois Gary ressignificou o feedback. Em vez de considerá-lo doloroso, reconheceu que poderia usá-lo para melhorar sua carreira. Evitando possíveis reações desajustadas, pôde fazer a si mesmo várias perguntas relevantes: "Qual é a importância da sociabilidade para meu cargo? Quanto eu quero

Possível emoção negativa	Reação desajustada	Declaração de reformulação
Medo de represália (Se eu disser o que penso, vou ser demitido?)	**Negação** (Não preciso de feedback. Estou me saindo bem.)	Preciso saber honestamente como estou me saindo.
Mágoa (Por que ele disse que eu não estou me esforçando o bastante?)	**Irritabilidade, inveja dos outros** (Ficar em silêncio, tramar uma vingança.)	Ainda posso prestar atenção no que ele diz mesmo me sentindo magoado.
Defensividade (Sou melhor do que ela diz que eu sou.)	**Agir demonstrando que não apoia o chefe** (Pode apostar que não vou àquela reunião idiota.)	Ficar na defensiva me impede de ouvir o que ela tem a dizer.
Tristeza (Pensei que ele gostasse de mim.)	**Ruminação, retração** (Ficar mais calado do que de costume, sentir-se desmotivado.)	Meu desempenho no trabalho não depende de ser estimado ou não.
Medo da mudança (Como vou fazer tudo que ele quer que eu faça?)	**Negação** (Continuar a fazer as coisas da mesma maneira que antes.)	Eu *preciso* mudar para manter meu emprego. Tenho que dar um passo de cada vez.
Ambivalência (Devo ficar ou ir embora?)	**Procrastinação, passividade** (Esperar que outra pessoa resolva o problema.)	O que realmente atende melhor a meus interesses? Ninguém está interessado em meu bem-estar mais do que eu. *Tenho que agir agora.*
Desistência (Tenho que ir embora!)	**Resistência à mudança** (É tarde demais para procurar outro emprego. Aqui não é tão ruim.)	Ficarei muito mais feliz em outro emprego.

manter este emprego? Até onde estou disposto a mudar para ficar mais sociável?" Ao responder, Gary percebeu duas coisas: que a sociabilidade é realmente fundamental para o sucesso nas vendas e que ele não estava disposto a aprender a ser mais sociável. Pediu transferência e assumiu um cargo no qual foi muito mais bem-sucedido.

Decomponha a tarefa

Outra técnica adaptativa é dividir a grande tarefa de lidar com feedback em partes administráveis e mensuráveis, e estabelecer um prazo realista para cada uma delas. Mesmo que mais de dois aspectos do comportamento precisem ser modificados, nossa experiência diz que a maioria das pessoas não consegue mudar mais do que um ou dois de cada vez. Dar pequenos passos para atingir objetivos discretos reduz a possibilidade de você ficar sobrecarregado e torna a mudança muito mais viável.

Jane, por exemplo, recebeu um feedback que indicava que a qualidade de seu trabalho era excelente mas suas apresentações eram entediantes. Tranquila e reservada, Jane poderia ter se sentido arrasada com o que percebeu estar nas entrelinhas dessa crítica: que era péssima ao falar em público e que era melhor mudar de moça tímida para extrovertida. Em vez disso, se adaptou decompondo o desafio: primeiro iria fazer "apresentações interessantes" (conteúdo sólido e bem estruturado; apresentação convincente; compreensão da audiência; etc.). Depois aprenderia a se apresentar com mais eficiência, observando vários oradores eficazes e fazendo um curso de oratória.

Para Jane foi importante começar com a tarefa mais fácil – nesse caso, observar bons oradores. Observou gestos, organização do discurso, entonação, timing, uso do humor, etc. Quando achou que tinha compreendido o que envolve um bom discurso, sentiu-se pronta para fazer o curso de introdução à oratória. Esses esforços lhe permitiram melhorar suas apresentações. Embora não tenha se transformado numa oradora fascinante, aprendeu a capturar a atenção e o respeito da audiência.

Use incentivos

Parabenize-se quando fizer mudanças adaptativas. Esse conselho pode parecer estranho, uma vez que situações de feedback às vezes levam à autopunição e poucos têm o hábito de se parabenizar. No entanto, não está escrito em nenhum lugar que o processo de feedback precisa ser uma experiência totalmente negativa. Assim como aumento de salário ou um bônus constituem incentivos para melhorar o desempenho, recompensar a si mesmo sempre que der um passo importante no processo o ajudará a perseverar. Por exemplo, uma recompensa adequada por ter completado uma autoavaliação poderia ser uma tarde inteira assistindo à TV, ou, por uma boa reunião com o chefe, um bom restaurante.

Recebendo o feedback de que você precisa

Uma vez que começou a adaptar suas reações e seu comportamento, é hora de buscar feedback regular de seu chefe, em vez de esperar pela avaliação anual de desempenho. O processo de feedback proativo que recomendamos consiste em quatro etapas: autoavaliação, feedback externo, assimilação do feedback e ação visando à mudança. A história de Bob, vice-presidente de recursos humanos, ilustra como um executivo usou o processo de quatro etapas para assumir o controle de sua vida.

Quando conhecemos Bob, ele estava no cargo havia três anos e sentia que não recebia feedback suficiente. Uma vez por ano, no final de dezembro, Harry – o rude e evasivo CEO a quem ele se reportava – convocava Bob, comentava o bom trabalho que ele tinha feito, anunciava seu salário para o ano seguinte e lhe dava um pequeno bônus. Mas, naquele ano, Bob estivera lidando com questões espinhosas – inclusive reclamações de executivas seniores relativas a remunerações injustas – e precisava de um feedback de verdade. Bob perguntava-se como Harry encarava seu trabalho. Haveria aspectos do seu desempenho com os quais Harry não estava satisfeito? Será que Harry pretendia manter Bob em sua posição atual?

Autoavaliação

Incentivamos Bob a começar avaliando o próprio desempenho. A autoavaliação pode ser uma tarefa difícil, sobretudo se a pessoa nunca teve feedback útil com o qual começar. A primeira tarefa de autoavaliação de Bob foi determinar quais eram os elementos mais importantes de seu trabalho. A segunda foi evocar o feedback informal que recebera de colegas de trabalho, de subordinados e de clientes – não apenas em palavras, mas também em expressão facial, linguagem corporal e silêncios.

Bob levou várias semanas para fazer a autoavaliação. Quando o ajudamos a se dar conta de que estava procrastinando, ele recrutou um sistema de apoio – sua esposa e um amigo – que o incentivaram a concluir seu acervo de lembranças. No fim do processo, reconheceu que tinha recebido muitos feedbacks positivos informais de muita gente com quem havia interagido. Mas também constatou que estava ansioso demais por agradar e precisava ser mais assertivo ao expressar suas opiniões. Nós o ajudamos a reformular esses insights incômodos de modo a que pudesse vê-los como áreas para um potencial crescimento.

Feedback externo

A fase seguinte do processo proativo – pedir feedback – em geral é uma tarefa de duas partes: a primeira envolve dirigir-se a alguns colegas de confiança para obter informações que sustentem ou corrijam sua autoavaliação. A segunda envolve pedir feedback diretamente a seu chefe. Reunir feedbacks de colegas nos quais confia não deve ser confundido com feedback de 360 graus, que compreende uma ampla variedade de perspectivas, inclusive de pessoas que talvez não o conheçam bem.

Ao falar de modo confidencial com pessoas em quem confia, é possível afastar parte do medo associado ao feedback. Esses colegas também podem ajudá-lo a identificar suas reações emocionais (possivelmente desajustadas) à crítica, o que é muito benéfico, antes de sua reunião com seu superior. Além disso, conversas de feedback com colegas muitas vezes podem servir como uma espécie de ensaio geral. Às vezes, eles apontam aspectos que exigem atenção imediata; quando fazem isso, é sensato aplicar essas mudanças antes da reunião com o seu gestor. Por outro lado, se você acha que não dá para confiar em nenhum de seus colegas, esqueça essas conversas de feedback e marque diretamente uma reunião com seu chefe.

Bob pediu feedback de dois colegas nos quais confiava, Sheila e Paul, em reuniões que marcou só com esse objetivo. Pediu a ambos feedback positivo e negativo, e exemplos específicos de áreas nas quais ele estava se saindo bem e outras em que precisava melhorar. Ouviu com atenção os comentários, interrompendo apenas para esclarecer algum ponto. Ambos lhe disseram que ele analisava problemas com cuidado e interagia bem com funcionários. Mas Sheila observou que, em períodos especialmente movimentados do ano, Bob parecia ter dificuldade em estabelecer suas prioridades, e Paul ressaltou que ele precisava ser mais assertivo. Munido do feedback dos colegas, Bob teve uma noção mais clara de seus pontos fortes e de suas fraquezas. Ele se deu conta de que parte de suas dificuldades em estabelecer prioridades devia-se à falta de clareza na orientação de Harry, e fez uma anotação para tratar da questão com ele.

O próximo passo do feedback externo – a efetiva reunião com o chefe – requer um tratamento delicado, sobretudo porque a solicitação da reunião talvez seja uma surpresa para ele. Ao marcar a reunião, é importante assegurar a seu chefe que críticas e sugestões serão apreciadas e seguidas de maneira positiva. Também é vital estabelecer uma pauta para a reunião, para que seu gestor saiba que você tem três ou quatro questões a tratar baseadas em sua autoavaliação e no feedback de outras pessoas.

Durante a reunião, peça exemplos e sugestões específicos de mudanças, enquanto se mantém física e emocionalmente neutro quanto ao que está ouvindo. Observe com atenção não só o conteúdo das palavras como também a linguagem corporal e o tom, uma vez que um feedback pode ser direto ou indireto.

Quando a reunião terminar, agradeça a seu chefe e mencione que retornará a ele com um plano de ação após ter tido tempo para assimilar tudo que ouviu. Lembre-se também de que você pode encerrar a reunião se ela se tornar contraproducente (por exemplo, se seu chefe reagir com irritação a qualquer uma de suas perguntas).

Durante a reunião de feedback com Harry, Bob perguntou quais eram suas prioridades no trabalho. Harry disse-lhe que a situação financeira da companhia parecia ser precária e que Bob deveria focar em descobrir e implementar um plano de saúde menos dispendioso. Harry advertiu Bob de que um novo plano deixaria alguns funcionários com raiva e por isso Bob teria que desenvolver uma casca grossa para suportar as inevitáveis críticas.

Bob aprendeu que reuniões de feedback podem oferecer mais do que apenas uma avaliação de desempenho, como importantes e inesperadas percepções. Bob estivera tão imerso em questões de recursos humanos que nunca tinha notado que Harry estava preocupado com problemas financeiros da companhia.

Assimilando o feedback

Ao ouvir um feedback crítico, é bem possível que você experimente as emoções negativas e as reações desajustadas que descrevemos anteriormente. É importante manter suas reações em âmbito privado até ser capaz de substituí-las pelas reações adaptativas que levam a um plano de ação apropriado.

Bob constatou, por exemplo, que se sentia irritado e vagamente magoado ante a sugestão de que devia se tornar mais duro. Ficou se remoendo por algum tempo, mas depois ressignificou esses sentimentos ao reconhecer que o feedback negativo dizia respeito tanto às preocupações de Harry quanto ao seu próprio desempenho. Bob não usou essa reformulação para contestar o feedback de Harry; aceitou que precisava ser mais assertivo e durão ao lidar com as questões dos funcionários.

Entrando em ação

A última fase do processo de feedback proativo envolve chegar a conclusões sobre a informação recebida e agir de acordo com ela. Bob, por exemplo, optou por focar duas estratégias de ação: a implementação de um plano de saúde menos dispendioso – o que incluía estar preparado para as reclamações dos funcionários – e procurar com calma um novo emprego, já que agora compreendia que o futuro da companhia era incerto. Essas duas decisões deixaram Bob inquieto, pois evocavam seu medo de mudanças. Mas, tendo desenvolvido suas reações adaptativas, ele já não se sentia preso na armadilha do medo. Nos meses seguintes, implementou o novo plano sem levar para o lado pessoal as críticas dos funcionários. Também ficou atento às finanças da companhia e retomou seu networking, para o caso de ficar evidente que a organização estava começando a afundar.

As recompensas pela adaptação

As organizações lucram quando executivos buscam feedback e são capazes de lidar bem com as críticas. Quando gestores começam a perguntar como estão se saindo em relação às prioridades do gerenciamento, seu trabalho fica mais alinhado com os objetivos da organização. Além disso, quando um número cada vez maior de executivos numa empresa aprende a pedir feedback, eles transformam um ambiente avesso a feedback num ambiente mais honesto e aberto, o que, por sua vez, melhora o desempenho de toda a organização.

Igualmente importante, o emprego das técnicas adaptativas que mencionamos é capaz de ter um efeito positivo na vida pessoal dos executivos.

Quando eles se livram de comportamentos impulsivos, como reações emotivas, costumam descobrir que as relações com a família e os amigos melhoram. De fato, às vezes descobrem que, em vez de ter medo de feedback, estão ansiosos por alavancá-lo.

Publicado originalmente em abril de 2003.

10

Quando jovens são promovidos cedo demais

Kerry A. Bunker, Kathy E. Kram e Sharon Ting

DE MUITAS MANEIRAS, CHARLES ARMSTRONG, 36 anos, é um líder nato. Ele é brilhante, criativo, enérgico e agressivo – um gênio em estratégia e finanças. Charles galgou rapidamente níveis hierárquicos graças a seus aguçados instintos para negócios e uma comprovada capacidade de obter resultados financeiros, mudando de empresa de vez em quando a fim subir na carreira. Mas seu emprego atual está em risco. Presidente de divisão numa multinacional de produtos de consumo, acaba de descobrir um grande revés num novo produto que tinha sido bastante divulgado. Milhares de encomendas foram adiadas, os clientes estavam furiosos e o valor das ações da companhia despencaram quando isso veio a público.

Pior, a crise era totalmente evitável. Se Armstrong compreendesse o valor de construir relacionamentos com seus pares, e seus subordinados o considerassem acessível, teria sido capaz de avaliar os desafios do aspecto multifuncional no desenvolvimento desse produto específico. Poderia ter tomado conhecimento do potencial atraso meses antes, e não na última hora. Poderia ter adiado uma campanha de publicidade em nível nacional e ajustado as expectativas com os investidores, até mesmo ter encontrado um meio de resolver os problemas e lançado o produto no prazo. Mas, apesar de sua capacidade de deslumbrar os superiores com seu talento e seu intelecto, Armstrong é visto pelos pares e subordinados como uma pessoa intolerante e distante, que se autopromove. Para piorar, talvez ele só esteja parcialmente consciente de como os outros o veem, e não está muito preocupado com a parte que sabe. Esses relacionamentos não são prioridade para ele. Como a tantos outros jovens talentosos, faltam a Armstrong as competências emocionais que o capacitariam a trabalhar de forma mais efetiva como parte de uma equipe. E agora parece que seus chefes involuntariamente minaram sua carreira ao promovê-lo tão depressa, antes que ele conseguisse desenvolver as aptidões para relacionamento de que necessitava.

Quebre o padrão

O que aconteceu com Charles Armstrong é um fenômeno cada vez mais comum. Nos últimos 10 anos, conhecemos dezenas de gerentes que se tornaram vítimas de uma danosa mistura de suas próprias ambições e da disposição dos chefes de deixar passar a falta de aptidões relativas a relações interpessoais. (Como em todos os exemplos neste artigo, mudamos o nome e outras características que pudessem identificar nossos clientes.) De fato, a maioria dos executivos busca pessoas inteligentes e agressivas, mais atentos a suas realizações do que a sua maturidade emocional. Além disso, sabem que os que têm melhor desempenho também têm opções – se não conseguirem a vaga que querem numa empresa, a obterão em outro lugar. Por que arriscar perdê-los para um concorrente adiando a promoção?

A resposta é que promovê-los pode ser igualmente arriscado. Colocar esses gerentes ainda não amadurecidos em posições de autoridade rápido demais lhes rouba a oportunidade de desenvolver as competências emocionais que vêm com o tempo e a experiência – como a capacidade de negociar com os pares, controlar as emoções em tempos de crise ou ganhar apoio para uma mudança. Pode ser que os chefes fiquem encantados com a inteligência e a paixão em um gerente – e talvez vejam nele uma versão mais jovem de si mesmos –, mas é mais provável que seus pares e subordinados o considerem arrogante e sem consideração ou, no mínimo, distante. E aí reside o problema. Em algum momento na carreira de um jovem gerente, em geral no nível da vice-presidência, talento puro e ambição resoluta se tornam menos importantes que a aptidão para influenciar e persuadir. E a menos que executivos seniores considerem este fato e façam da competência emocional uma alta prioridade, esses gerentes de grande potencial continuarão a falhar, muitas vezes com um custo alto para a empresa.

Pesquisas demonstraram que quanto mais alto um gerente chega na hierarquia, mais importantes para seu sucesso são as habilidades interpessoais de liderança.[1] Nossos colegas no Centro para Liderança Criativa descobriram que cerca de um terço dos executivos seniores perde o rumo a certa altura, mais frequentemente por conta de um déficit emocional, tal como inabilidade para formar uma equipe ou controlar as próprias emoções em momentos de estresse. E em nossos 55 anos de experiência em ensino e treinamento, vimos em primeira mão como um jovem gerente arrisca a carreira ao deixar de desenvolver competências emocionais. Mas o problema não é a juventude em si. O problema é a falta de maturidade emocional, que não vem fácil ou de modo automático e não é algo que se aprenda num livro. Uma coisa é compreender a importância dos relacionamentos num nível intelectual e aprender técnicas, como a de ouvir ativamente; outra coisa bem diferente é desenvolver todo um acervo de competências interpessoais como paciência, abertura e empatia. A maturidade emocional envolve uma mudança fundamental na autoconsciência e no comportamento, e essa mudança requer prática, diligência e tempo.

O chefe de Armstrong admite que talvez tenha promovido o jovem gerente cedo demais. "Eu era exatamente como Charlie quando tinha a idade dele, mas era diretor, não presidente de divisão. É mais fácil cometer erros e aprender quando você não ocupa um cargo tão alto. Quero que ele tenha

---

[1] Em seus artigos na *HBR* "O que define um líder?" (novembro-dezembro de 1998) e "A liderança primordial" (com Richard Boyatzis e Annie McKee, dezembro de 2001), Daniel Goleman defende a ideia de que a competência emocional é o principal impulsionador do sucesso de um líder.

> ## Em resumo
>
> Está louco para sabotar sua empresa? Então promova seus mais brilhantes jovens profissionais para os cargos de maior exigência – sobretudo quando eles ameaçam ir embora a menos que você os promova logo. Parece exagerado? Nada disso.
>
> Promover jovens gerentes talentosos rápido demais os impede de desenvolver **competências emocionais** fundamentais – como saber negociar com os pares, controlar emoções negativas durante crises e construir um apoio para mudanças –, aptidões que só vêm com o tempo e a experiência.
>
> Pior, a muitos gerentes jovens faltam paciência, abertura e empatia – qualidades mais importantes que puro intelecto nos níveis mais altos de liderança, em que questões negociais ficam mais complexas e as apostas são notavelmente altas.
>
> Agressivos e insensíveis, gerentes promovidos muito cedo podem desdenhar relacionamentos com pares e subordinados – não se dando conta de que eles *precisam* dessas conexões para resolver problemas. Esses problemas se transformam em crises, derrubando gerentes. A companhia, os clientes, os funcionários – todos pagam o preço.
>
> A solução? **Adie promoções** para que os gerentes possam amadurecer emocionalmente. Isso não é fácil. Você deve equilibrar enfrentamento com apoio, paciência com urgência – e se arriscar a perder os melhores. Mas promoção prematura implica riscos muito maiores.

êxito e acredito que um dia poderá ser um grande CEO, mas às vezes ele me põe em risco. É muito seguro de si para ouvir os outros." E assim, em muitos casos, executivos fazem um favor a seus funcionários e à companhia adiando a promoção de gerentes jovens e dando-lhes a oportunidade de desenvolver suas aptidões interpessoais. Interromper a ascensão do gerente por tempo suficiente para ele aprimorar sua experiência costuma produzir um líder eficaz e estável.

Este artigo examinará cinco estratégias para estimular as competências emocionais e redirecionar gerentes que estão pagando caro por

Na prática

1. **Aprofunde o feedback de 360 graus.** Providencie um amplo e profundo feedback para ajudar gerentes a se verem como os outros os veem – o que é essencial para construir autoconsciência. Ofereça a eles repostas por escrito a perguntas genéricas de uma ampla variedade de pares e subordinados, não apenas as suas. Gerentes poderiam descartar suas opiniões como distorcidas ou desinformadas. Dê tempo para reflexão e acompanhe conversas.

   Exemplo: Embora seu tino para negócios fosse incomparável em sua companhia, um brilhante vice-presidente de 42 anos negligenciava relações com os pares, e ganhou a reputação de ser uma pessoa inacessível. A corporação se perguntava se ele poderia inspirar o pessoal a apoiar novas estratégias importantes. Após uma profunda avaliação de 360 graus, ele começou a fortalecer conexões interpessoais.

2. **Interrompa a ascensão.** Para ajudar gerentes a aprender a tocar corações e mentes, dê-lhes atribuições especiais fora de seu percurso típico na carreira. Eles precisarão dominar uma negociação e influenciar talentos em vez de se valerem de grau hierárquico para ter autoridade.

   Exemplo: Uma geniosa diretora de vendas regional não estava preparada para ser promovida a vice-presidente. Seu chefe a convenceu a liderar por um ano uma equipe que investigava oportunidades de venda cruzada. Ela aprendeu a usar de persuasão para ganhar o apoio de outros gerentes de divisão, construindo sólidos relacionamentos. Agora vice-presidente, ela é considerada uma gestora bem entrosada, capaz de negociar em nome da equipe.

3. **Reafirme seu compromisso.** Se você advertiu os gerentes de que promoção depende de competências emocionais, aja de acordo com isso. Essas competências não são opcionais.

> *Exemplo:* Um vice-presidente sênior avesso a conflitos gerenciava bem seu próprio grupo, mas evitava situações de colaboração, nas quais o potencial para conflito era maior. Por explorar alianças externas, a empresa considerava a colaboração vital. O CEO o rebaixou de cargo, temporariamente tirando-o do plano de sucessão. Escalado para um projeto de equipe interfuncional, ele aprendeu a lidar com discordâncias e a construir consenso, e agora voltou a ser considerado para uma promoção.
>
> 4. **Institucionalize o desenvolvimento pessoal.** Deixe claro que o sucesso em sua companhia depende de competência emocional.
>
> *Exemplo:* Um CEO enunciava os valores corporativos enfatizando o aprendizado contínuo, inclusive os pedidos de ajuda. Ele criou incentivos para estimular esses comportamentos e incluir exigência de aptidões emocionais no planejamento da sucessão na firma. Conhecida por esse aprendizado e pelo crescimento, a empresa atrai e retém jovens executivos talentosos.
>
> 5. **Cultive redes informais.** Incentive gerentes a estabelecer relacionamentos com mentores fora da hierarquia comum. Eles encontrarão diversos estilos de liderança e pontos de vista, terão oportunidades para reflexão e amadurecerão emocionalmente.

relações prejudicadas ou inexistentes. As estratégias não são terrivelmente complicadas, mas implementá-las e conseguir que pessoas mudem comportamentos arraigados pode ser muito difícil. Muitos desses gerentes estão acostumados a receber elogios, e não é fácil para eles receber feedback negativo – ou agir de acordo com ele. Talvez você tenha que se satisfazer com pequenas vitórias e aceitar deslizes ocasionais. Mas o maior desafio pode ser resistir ao encanto dos jovens talentos – não os promovendo enquanto não estão preparados e manter essa decisão mesmo que eles ameacem ir embora.

Aprofunde o feedback de 360 graus

Com seus questionários e escalas de classificação-padrão, o feedback de 360 graus, como é tradicionalmente implementado, pode não ser específico ou detalhado o suficiente para atrair a atenção de gerentes inexperientes que são excelentes em medidas de avaliação de caráter geral mas têm problemas com desafios de relacionamento mais sutis. Esses gerentes se beneficiarão de um processo mais profundo e rigoroso que inclua um tempo para reflexão e conversas de acompanhamento. Isso significa, por exemplo, entrevistar mais pares e subordinados do gerente e dar a ele a oportunidade de ler respostas específicas a perguntas genéricas. Esse feedback detalhado e extenso pode ajudar uma pessoa a se ver mais como os outros a veem, o que é essencial para um gerente jovem ao qual falta autoconsciência para compreender em que pontos não está correspondendo às expectativas.

Testemunhamos essa falta de autoconsciência em Bill Miller, um vice-presidente de 42 anos numa empresa de software, um ambiente no qual a aptidão técnica é altamente valorizada. Miller tinha chegado longe por puro intelecto, mas nunca havia avaliado bem as próprias forças. Assim, ano após ano, caso a caso, ele trabalhava com uma dificuldade dobrada para aprender as complexidades do negócio e, como consequência involuntária disso, seus colegas entendiam que sua inteligência e sua perspicácia em negócios estavam entre as melhores na companhia, mas o achavam inacessível e distante. Como resultado, a alta gerência questionava sua capacidade de liderar o tipo de mudança estratégica que exigiria a motivação do pessoal em todos os níveis. Só depois de passar por uma profunda avaliação de desenvolvimento de 360 graus Miller foi capaz de aceitar que não precisava mais provar sua inteligência – que podia relaxar quanto a esse aspecto e, em vez disso, trabalhar no fortalecimento de suas conexões pessoais. Depois de meses se esforçando para cultivar relacionamentos mais fortes com seus funcionários, Miller começou a notar que se sentia mais incluído em encontros sociais ocasionais, como conversas de corredor.

Art Grainger, um gerente sênior com 35 anos numa companhia de cimento e concreto, costumava ser considerado um campeão por seus subordinados diretos. Também era conhecido por ficar na defensiva toda vez que seus pares ou superiores o questionavam ou comentavam o desempenho de sua unidade. Mediante avaliações de 360 graus, ele descobriu que, embora todos o considerassem uma pessoa dedicada, voltada para resultados e tecnicamente brilhante, também o achavam muito protetor, por resistir a qualquer ação ou decisão que pudesse afetar seu departamento. Até mesmo seus funcionários afirmaram que ele os mantinha isolados do restante da companhia, e que ele revisava todos os memorandos entre departamentos, não convidava pessoas de outras partes da empresa para reuniões de sua unidade e criticava abertamente outros gerentes. Só quando viu que seu pessoal concordava com o que seus chefes lhe diziam havia anos Grainger admitiu que precisava mudar. Desde então, passou a considerar membros de outros departamentos como aliados potenciais e tentou redefinir sua equipe para que incluísse pessoas de todas as áreas da empresa.

Vale observar que muitos desses gerentes jovens e inteligentes não estão acostumados a ouvir críticas. Em consequência, podem desconsiderar um feedback negativo se os comentários não coincidirem com o que ouviram em conversas anteriores, ou caso seus egos sejam muito fortes. Ou podem concluir que são capazes de "corrigir" o problema imediatamente – afinal, têm sido capazes de resolver a maior parte dos problemas com que depararam no passado. Mas o desenvolvimento de competências emocionais requer uma prática contínua de interações pessoais. A boa notícia é que, se você conseguir convencê-los de que essa questão ameaça suas carreiras, eles poderão ser tão zelosos com o próprio desenvolvimento emocional quanto são com seus outros projetos. E é por isso que o feedback de 360 graus é tão valioso. Quando vem de múltiplas fontes e é contínuo, é difícil de ignorar.

Interrompa a ascensão

Quando profissionais são promovidos várias vezes seguidas dentro das áreas de sua especialidade, eles não precisam sair da zona de conforto, assim quase nunca sentem necessidade pedir ajuda, ainda mais se forem bons em resolver problemas. Por isso podem se tornar excessivamente independentes e deixar de cultivar relacionamentos com pessoas que poderiam lhes ser úteis no futuro. Além disso, podem se basear na autoridade que vem da hierarquia em vez de aprender como influenciar pessoas. Uma mentalidade de comando-e-controle pode funcionar em certas situações, sobretudo em gerências de nível médio e baixo, mas em geral não é suficiente em posições mais elevadas, nas quais relacionamentos entre pares são cruciais e o sucesso depende mais da aptidão para engajar as pessoas do que para desenvolver soluções de negócios.

Às vezes aconselhamos nossos clientes a ampliar as aptidões de jovens gerentes atribuindo a eles papéis interfuncionais fora do roteiro normal de suas carreiras. Isso é diferente da tradicional rotação no emprego, em que funcionários passam um tempo em diferentes áreas funcionais para aumentar seu conhecimento sobre o negócio. Em vez disso, atribui-se ao gerente um papel no qual ele não dispõe de muita autoridade direta. Isso o ajudará a focar o desenvolvimento de outras aptidões, como as de negociar e influenciar seus pares.

Considere o caso de Sheila McIntyre, uma diretora de vendas regional numa empresa de tecnologia. McIntyre tinha sido promovida rapidamente nos níveis gerenciais porque sempre ultrapassava seus colegas em vendas, mês após mês. Com 30 e poucos anos, começou a tentar uma nova promoção – dessa vez, à vice-presidência –, mas seu chefe, Ron Meyer, não achava que ela estivesse pronta. Meyer achava que McIntyre tinha um temperamento impulsivo e pouca paciência para pessoas que considerava pouco visionárias. Assim, segurou a promoção, apesar do desempenho estelar de McIntyre, e criou uma atribuição especial para ela, com um ano de duração – chefiando uma equipe que investigava oportunidades para vendas cruzadas. Para convencê-la a aceitar a tarefa, ele não só explicou que isso a ajudaria a ampliar suas aptidões, como também prometeu uma significativa recompensa financeira se ela tivesse sucesso, insinuando que a isso se seguiria a esperada promoção.

Esse era um grande desafio para McIntyre. Ela teve que usar suas subdesenvolvidas forças de persuasão para ganhar o apoio de gerentes em outras divisões. Mas, no fim, sua equipe apresentou uma estratégia brilhante de vendas cruzadas, implementada pela companhia no ano seguinte. Mais importante que isso, ela desenvolveu relações sólidas com várias pessoas influentes em toda a organização e aprendeu muita coisa sobre o valor dos insights e das experiências dos outros. Mais tarde, McIntyre foi promovida a vice-presidente, e, para a satisfação de Meyer, seus novos subordinados não a consideravam apenas uma superestrela em vendas, mas também uma gerente bem entrosada, capaz de negociar a favor da equipe.

Essas atribuições interfuncionais – sem uma autoridade clara ou ligações óbvias com o curso de uma carreira – podem ser difíceis de vender. Não é fácil convencer gerentes jovens de que essas atribuições têm valor, nem é fácil ajudá-los a extrair delas um conhecimento relevante. Se gerentes sentem-se marginalizados, podem ficar arredios. Lembram-se de Bill Miller, o vice-presidente que negligenciou suas aptidões emocionais em seu empenho em aprender o negócio? Mesmo tendo êxito em algumas de suas primeiras tentativas informais de desenvolver relacionamentos, ele ficou confuso e desmoralizado quando seu chefe, Jerry Schulman, lhe deu a missão especial de liderar uma força-tarefa para rever processos internos. Miller estava esperando uma promoção e a nova tarefa não parecia ser "real". Schulman cometeu o erro de não dizer a Miller que ele considerava a tarefa uma oportunidade ideal para melhorar seu networking, e assim Miller começou a questionar seu futuro na empresa. Com poucos meses em sua nova ocupação, Miller pediu demissão. Ele aproveitara uma oportunidade – subindo de nível – numa companhia rival, levando consigo uma tremenda quantidade de talento e de conhecimento institucional. Se Schulman tivesse compartilhado seu raciocínio com Miller, poderia ter mantido um de seus mais valiosos colaboradores – alguém que já percebera a importância de desenvolver sua competência emocional e começar a progredir.

Reafirme seu compromisso

Um dos motivos pelos quais funcionários ficam empacados no padrão que descrevemos é que seus chefes apontam déficits em competências emocionais porém não tomam medidas quanto a isso. Eles negligenciam explicitar as consequências de se continuar com o comportamento destrutivo ou fazem ameaças vazias e ainda assim vão adiante com a promoção. O determinado e ambicioso jovem executivo só pode concluir que essas competências são opcionais.

Uma história edificante é a de Mitchell Geller, que, aos 29 anos, estava a ponto de virar sócio de uma firma de advocacia. Ele tinha alienado muitos de seus pares e subordinados ao longo dos anos com sua arrogância, deficiência devidamente observada nas avaliações anuais de desempenho, porém sua mente aguçada para questões legais lhe valera uma promoção após outra. Com a aproximação da avaliação de Geller, seu chefe, Larry Snow, apontou os graves atritos entre os promissores advogados que trabalhavam para Geller e o advertiu de que um futuro avanço dependeria de uma mudança no estilo pessoal. Geller não deu muita importância ao feedback – estava confiante em que se sairia bem, como sempre, com base no puro talento. E, fiel ao roteiro formal, Snow não foi irredutível e a promoção aconteceu, apesar de o comportamento de Geller não ter mudado. Duas semanas depois, Geller, já então sócio responsável pelo relacionamento com clientes, conduziu reuniões com duas contas fundamentais. Depois disso, o primeiro cliente procurou Snow e pediu que ele participasse das futuras reuniões. Então o segundo cliente retirou seu negócio do escritório, reclamando que Geller se recusara a ouvir outros pontos de vista.

Compare a experiência de Geller com a de Barry Kessler, 39 anos, vice-presidente sênior de uma companhia de seguros. Por anos todos acreditaram que Kessler seria o sucessor do CEO, graças a suas fortes aptidões financeiras e seu amplo conhecimento do negócio – até que John Mason, seu chefe e atual CEO, começou a questionar se seria sensato promovê-lo.

Embora Kessler gerenciasse o próprio grupo excepcionalmente bem, evitava a colaboração de outras unidades, o que era muito importante, uma vez que a companhia começava a buscar novas oportunidades de crescimento, inclusive potenciais alianças com outras organizações. O problema não era Kessler ser hostil, mas ser passivamente desmotivado – defeito que não parecia tão importante enquanto ele apenas se responsabilizava por seu próprio grupo. Quando treinamos Kessler, constatamos que ele era extremamente avesso a conflitos e evitava situações nas quais a decisão não seria dele. Suas aversões limitavam muito sua aptidão para trabalhar com seus pares.

Mason emitiu um forte sinal, não apenas para Kessler, mas também para outros na organização, quando rebaixou Kessler, retirando dele algumas de suas responsabilidades e temporariamente o deixando de lado do plano de sucessão. Para dar a Kessler uma oportunidade de desenvolver as aptidões que lhe faltavam, Mason pediu-lhe que liderasse uma equipe interfuncional dedicada a encontrar oportunidades estratégicas para o crescimento. Para ter sucesso, Kessler teria que dedicar mais tempo ao desenvolvimento de suas aptidões interpessoais. Não tinha autoridade sobre os outros membros da equipe, por isso precisava lidar com discordâncias e ajudar a equipe a chegar a um consenso. Dois anos depois, Kessler relata que está mais habituado a conflitos e feedback, abrindo o caminho de volta aos planos de sucessão.

A propósito, é contraproducente estabelecer para gerentes certo padrão de comportamento sem demonstrar que o padrão se aplica a todos, até o nível mais alto da administração. Em muitos casos, isso significa ter consciência das próprias metas de desenvolvimento, o que não é fácil. Joe Simons, um CEO com o qual trabalhamos, chegou a se dar conta durante um feedback de 360 graus e treinamento em dupla de que seu estilo pessoal interferia no crescimento de seus subordinados. Simons tinha declarado que a inovação era a prioridade da empresa, mas seu medo de fracassar o tinha levado a microgerenciar os funcionários, sufocando a criatividade deles.

Para sair desse padrão e expressar seu recém-descoberto compromisso com a melhora de suas aptidões de relacionamento, ele revelou aos subordinados seus objetivos pessoais – buscar aconselhamento com mais regularidade e se comunicar mais abertamente. Prometeu mudar comportamentos específicos e pedir à equipe feedback e apoio nesse processo. Ir a público com esses objetivos foi difícil para Simons, uma pessoa reservada, formada na tradicional liderança de comando-e-controle. Admitir que precisava mudar alguns comportamentos lhe pareceu uma perigosa fraqueza, sobretudo considerando que a companhia passava por um período difícil e os funcionários buscavam nele segurança, mas suas ações deixaram claro para eles quais eram as novas prioridades.

A franqueza de Simons conquistou a confiança e o respeito das pessoas, e, no correr de muitos meses, outros na empresa começaram a refletir mais abertamente sobre as próprias aptidões emocionais e se engajar em processos semelhantes de desenvolvimento pessoal. Não apenas o relacionamento de Simons com os subordinados melhorou, como ele também se tornou um catalisador e um modelo para outros.

Pense antes de promover

Não é incomum que alguém com excelente desempenho seja promovido a um nível mais alto de gerência antes de estar preparado. Sim, ele pode ser excepcionalmente inteligente e talentoso, mas podem lhe faltar aptidões pessoais essenciais. Em vez de lhe negar a promoção, seu chefe agiria melhor a adiando – e empregando esse tempo para ajudar a desenvolver as competências emocionais do candidato. A seguir estão alguns meios de fazer isso:

Aprofunde o feedback de 360 graus
Vá além do conjunto costumeiro de questionários para implementar o processo de feedback de 360 graus tradicional. Entreviste uma ampla variedade de pares e subordinados do gerente e deixe que ele leia respostas específicas a questões genéricas sobre desempenho.

Interrompa a ascensão
Ajude o gerente inexperiente a ir além da mentalidade de comando-e-controle, fazendo com que desenvolva aptidões para negociação e persuasão. Em vez de promovê-lo, dê-lhe incumbências interfuncionais em que não possa se basear em hierarquia para influenciar pessoas.

Reafirme seu compromisso
Não dê ao gerente inexperiente a impressão de que competências emocionais são opcionais. Faça com que seja responsável por suas aptidões interpessoais, em alguns casos tomando medidas duras, rebaixando-o ou negando-lhe uma promoção, mas com a promessa de que uma mudança de comportamentos será recompensada.

Institucionalize o desenvolvimento pessoal
Estabeleça metas interpessoais na organização e faça da competência emocional um parâmetro do desempenho. Trabalhe também para instituir programas formais de desenvolvimento que ensinem qualidades de liderança e facilitem a autoconsciência, a reflexão e a prática de novas competências emocionais.

Cultive redes informais
Incentive o gerente a desenvolver parcerias para um aprendizado informal com pares e mentores, para que seja exposto a diferentes estilos e perspectivas de lideranças. Isso lhe proporcionará um feedback honesto e constante e contínuas oportunidades de aprender.

Ele nos contou sobre um encontro com Gwen Marshall, diretora do setor financeiro da companhia e uma de suas subordinadas diretas. Marshall estava preocupada com um novo contratado que não tinha engrenado tão rapidamente quanto ela esperava – o cliente fazia um monte de perguntas e, segundo ela, não tomava iniciativas. Ela havia sido áspera com ele no fim de uma reunião, e ele olhou para ela, surpreso e irritado. Ao falar com Simons sobre o incidente, no entanto, reconheceu que sua impaciência talvez não fosse justa. Afinal, ele era novo no emprego. Além disso, a natureza das finanças exigia um raciocínio preciso e um conhecimento minucioso do negócio. Marshall encerrou a conversa dizendo que se desculparia com o novo funcionário. Simons ficou surpreso com os comentários de Marshall – estava acostumado a vê-la apenas desabafar e partir para a próxima tarefa. Mas, possivelmente devido ao exemplo de Simons, ela ficara mais sintonizada com a importância de sua própria competência emocional.

Essa reflexão tornou-se um hábito entre os membros da equipe de Simons – uma mudança que fortaleceu relacionamentos pessoais e melhorou o desempenho geral do grupo.

Institucionalize o desenvolvimento pessoal

Uma das maneiras mais eficazes de desenvolver a competência emocional de gerentes é instituir na organização de metas interpessoais de modo que cada um demonstre um conjunto específico de aptidões emocionais e o critério para a promoção inclua comportamentos tanto quanto aptidão técnica. Um processo assim estruturado facilitará a descoberta antecipada de problemas potenciais e reduzirá a possibilidade de que pessoas que necessitem de desenvolvimento pessoal sintam-se discriminadas ou injustamente restringidas. Os funcionários saberão exatamente o que se espera deles e o que é preciso para que avancem em suas carreiras.

Eis um caso no qual a institucionalização do desenvolvimento pessoal foi extremamente eficaz: Mark Jones é um executivo que estava cotado para o cargo de CEO de uma grande indústria, contanto que aceitasse um coach, por causa de sua reputação de grosseiro e agressivo. Um ano de treinamento em relacionamento ajudou Jones a compreender as armadilhas inerentes a seu estilo, e ele decidiu que outras pessoas poderiam se beneficiar com o alcance dessa compreensão muito mais cedo em suas carreiras. Para esse fim, tomou várias iniciativas no sentido de modelar a cultura da companhia, de modo que o aprendizado pessoal e profissional não fosse apenas estimulado, mas esperado.

Primeiro, formulou um novo conjunto de valores e práticas baseados em conjugar objetivos de negócios com o desenvolvimento de aptidões de liderança de primeira linha. Um dos valores era "Ouse ser transparente", significando que se esperava que todos os funcionários, sobretudo os que ocupavam cargos seniores de liderança, fossem francos quanto a seus pontos fracos, pedissem ajuda e oferecessem a seus pares feedbacks honestos e construtivos. Sabendo da necessidade de criar incentivos e recompensas para esses novos comportamentos, Jones participou ativamente da avaliação e da definição de metas de desenvolvimento pessoal dos 100 executivos mais graduados da empresa e ordenou que os planos para desempenho de todos os funcionários incorporassem ações específicas relativas ao desenvolvimento de suas próprias competências emocionais.

Jones também fez das aptidões emocionais um item-chave de qualificação na busca de um sucessor – exigência que muitas organizações adotam no discurso, mas não implementam. Muitas delas, com frequência, supervalorizam o intelecto puro e a profundidade do conhecimento, em grande medida por causa da guerra na busca de talentos, o que fez com que focassem apenas contratar e manter os melhores e os mais brilhantes, independentemente de sua competência emocional.

Por fim, Jones criou um novo cargo, diretor de aprendizado corporativo (Corporative Learning Officer, ou CLO); ele e o CLO fizeram parceria com uma universidade próxima para criar um instituto de aprendizagem no qual executivos poderiam ensinar em programas de liderança e frequentá-los. O próprio Jones é um palestrante frequente e participa de vários cursos.

Por meio de todas essas ações, Jones deixou claro que os funcionários precisam fazer do aprendizado e do desenvolvimento emocional contínuo uma prioridade. Enfatizou também que se espera de todos, do CEO para baixo, que sejam estabelecidas metas para melhorar suas aptidões pessoais. Com a implementação do programa, ele descobriu que é mais fácil atrair e manter jovens executivos – na verdade, sua organização deixou para trás um recrutamento que era um pesadelo e passou a ser um ímã que atrai jovens talentos. A empresa se tornou conhecida como um lugar onde líderes emergentes podem encontrar oportunidades reais para aprender e crescer.

Trabalhamos com outra empresa na qual a equipe sênior de gerenciamento estava comprometida com o desenvolvimento das competências emocionais dos líderes da companhia. A equipe ofereceu primeiro uma extensiva formação em coaching ao departamento de RH, que por sua vez supervisionou um programa no qual gerentes de alto nível treinavam os colegas jovens e inexperientes. O objetivo era beneficiar tanto os experientes quanto os inexperientes: os gerentes juniores proviam feedback das aptidões de coaching do pessoal sênior, e o pessoal sênior ajudava a fortalecer as competências emocionais de seus colegas menos experientes.

Os resultados foram encorajadores. Wes Burke, que normalmente era um gerente de alto desempenho, estava se esforçando para alcançar suas metas. Após passar algum tempo com Burke e consultar seus subordinados, seus pares e seu coach (da organização), chegamos à conclusão de que, em seu entusiasmo por atingir as metas, Burke era incapaz de diminuir um pouco o ritmo e ouvir as ideias de outras pessoas. Ele tinha feito cursos de comunicação e sabia como fingir comportamentos que aparentassem que estava ouvindo, como assentir e dar sinais verbais de concordância, mas, com frequência, ficava distraído, sem prestar atenção. Nunca aceitara esse feedback, até que um dia, passando pelo grande setor de operações que gerenciava, um supervisor local o deteve a fim de discutir suas ideias para resolver um problema na produção. Burke entrou em seu modo escuta ativa. Depois de fazer alguns sinais de que estava ouvindo e dizer "Obrigado, falaremos sobre isso depois", seguiu adiante, deixando o supervisor frustrado e sem saber como despertar o interesse do chefe. Acontece que o coach de Burke estava observando. Ele chamou o jovem gerente num canto e disse: "Você não ouviu uma só palavra do que Karl falou. Você não estava escutando de verdade." Burke admitiu, tanto para si mesmo quanto para o coach. Desculpou-se então com Karl, para grande surpresa do supervisor.

Ter em mente esse incidente ajudou Burke a se lembrar da importância de suas relações de trabalho. Seu coach também o ajudou a perceber que não deveria supor que bastavam sua vontade e seu ímpeto para, de algum modo, motivar seus funcionários. Burke estivera desgastando as pessoas, física e psicologicamente. Um ano depois, o setor de operações de Burke estava atingindo as metas, uma conquista que ele atribui em parte ao treinamento individual que havia recebido.

Cultive redes informais

Embora programas institucionalizados para a construção de competências emocionais sejam essenciais, alguns gerentes se beneficiariam mais de uma rede informal de relacionamentos, fora da hierarquia da companhia. Uma mentoria, por exemplo, pode ajudar tanto gerentes juniores quanto seniores a avançar em seu desenvolvimento emocional mediante um novo tipo de relacionamento. E quando a experiência da mentoria é positiva, ela costuma atuar como um trampolim para uma rica variedade de relacionamentos em toda a organização. Particularmente, dá aos gerentes juniores a oportunidade de experimentar diferentes estilos de liderança e os expõe a diversos pontos de vista.

Sonia Greene, de 32 anos, gerente numa firma de consultoria, esperava ser promovida ao cargo de diretora, mas não tinha abordado a questão com o chefe, porque supunha que ele considerava que ela não estivesse pronta, e não queria criar tensão. Era uma consultora talentosa, que tinha relacionamentos com clientes fortes, mas era fraca internamente, por uma combinação de timidez, uma natureza independente e uma aversão a conflito, o que a inibia de pedir feedback. Quando sua companhia lançou um programa de mentoria, Greene se inscreveu e, mediante uma série de longas conversas com Jessica Burnham, uma sócia da firma, desenvolveu novos insights sobre seus pontos fortes e fracos. O apoio de uma pessoa estabelecida na firma como Burnham ajudou Greene a ser mais confiante e mais honesta em suas discussões sobre desenvolvimento com o chefe, que não estava ciente de que Greene queria receber feedback e agir de acordo com ele. Hoje, Greene tem uma compreensão exata do que precisa trabalhar e está firme a caminho de ser promovida. Além disso, seu relacionamento com Burnham a dispôs a procurar outras conexões, inclusive um grupo de pares, gerentes promissores como ela, que se reunia mensalmente para compartilhar experiências e trocar conselhos.

Uma rede de pares é benéfica até mesmo para executivos do mais alto nível. E os relacionamentos não precisam estar confinados às fronteiras da organização. Joe Simons, um CEO anteriormente mencionado, queria continuar seu próprio desenvolvimento, por isso cultivou um relacionamento com outro executivo que conhecera através de nosso programa. Os dois mantinham contato regular por e-mails e telefonemas, para discussões confidenciais, de modo a estarem livres para compartilhar até mesmo as mais íntimas preocupações. Também se encontravam de tempos em tempos para discutir suas metas de desenvolvimento pessoal. Eles consideravam esses encontros inestimáveis e notaram que seus relacionamentos no trabalho melhoraram e que ter um confidente os tinha ajudado a evitar recair em velhos hábitos em momentos de estresse.

Adiar uma promoção pode ser difícil em virtude da firme ambição de um jovem executivo e do ritmo agitado da vida numa organização, o que faz com que um aprendizado pessoal pareça extravagância. Isso requer um delicado equilíbrio entre honestidade e apoio, paciência e urgência. Significa ir contra a norma de promover pessoas exclusivamente com base em inteligência, talento e resultados nos negócios. Significa também enfrentar a decepção de um subordinado estimado.

Porém, dedicar tempo para construir competências emocionais de pessoas não é uma extravagância; é crucial para o desenvolvimento de líderes eficientes. Ceda à tentação de promover seus melhores funcionários antes que estejam prontos e assim você terá executivos que podem até progredir com a mudança e demonstrar excelentes aptidões para lidar com problemas, mas aos quais faltarão autoconsciência, empatia e aptidões sociais necessárias para fortalecer e nutrir essas forças nos outros. Os programas de MBA e os livros sobre gerenciamento não são capazes de ensinar a esses jovens executivos tudo o que precisam saber sobre as aptidões pessoais. Na verdade, não existe substituto para a experiência, a reflexão, o feedback e, acima de tudo, a prática.

Publicado originalmente em dezembro de 2002.

Autores

RICHARD BOYATZIS preside o departamento de comportamento organizacional na Weatherhead School of Management na Case Western Reserve University.

JOEL BROCKNER é professor de administração na Columbia Business School.

KERRY A. BUNKER é gerente do Awareness Program for Executive Excellence no Center for Creative Leadership.

ANDREW CAMPBELL é diretor do Ashridge Strategic Management Centre, em Londres.

CHRISTINA CONGLETON, que foi uma pesquisadora da atenção plena e do cérebro no Massachusetts General Hospital, é associada na Evidence Base Psychology e coach certificada.

DIANE L. COUTU é ex-editora-chefe da *Harvard Business Review*.

SUSAN DAVID é CEO da Evidence Based Psychology, cofundadora do Institute of Coaching e instrutora de psicologia na Universidade Harvard.

SYDNEY FINKELSTEIN é professor de administração na cátedra Steven Roth, na Tuck School of Business do Dartmouth College.

DANIEL GOLEMAN é copresidente do Consortium for Research on Emotional Intelligence in Organizations na Universidade Rutgers.

JAY M. JACKMAN é psiquiatra e consultor para recursos humanos em Stanford, Califórnia.

KATHY E. KRAM é professora de comportamento organizacional na Boston University School of Management.

ANNIE MCKEE está na Graduate School of Education na Universidade da Pensilvânia.

CHRISTINE PEARSON é professora de liderança global na Thunderbird School of Global Management.

CHRISTINE PORATH é professora associada na McDonough School of Business na Universidade de Georgetown.

MYRA H. STROBER é economista do trabalho e professora na School of Education da Universidade de Stanford, e na Stanford Graduate School of Business. É também consultora em recursos humanos.

SHARON TING é gerente no Awareness Program for Executive Excellence no Center for Creative Leadership.

VANESSA URCH DRUSKAT é professora-assistente de comportamento organizacional na Weatherhead School of Management na Case Western Reserve University.

JO WHITEHEAD é diretora do Ashridge Strategic Management Centre, em Londres.

STEVEN B. WOLFF é professor-assistente de administração na Escola de Administração do Marist College.

CONHEÇA OUTROS TÍTULOS DA
COLEÇÃO HARVARD 10 LEITURAS ESSENCIAIS

Desafios da gestão

Você irá beber na fonte e aprender com Michael Porter sobre vantagem competitiva, com Daniel Goleman sobre inteligência emocional, com Peter F. Drucker sobre como gerenciar a própria carreira, com Theodore Levitt sobre marketing e com Clayton M. Christensen sobre inovação disruptiva.

Este livro também vai lhe mostrar como:
- usar a inteligência emocional para melhorar seu desempenho
- avaliar seus pontos fortes e fracos para gerir sua carreira
- entender quem são seus clientes e descobrir o que desejam
- estimular a inovação em empresas tradicionais
- criar vantagem competitiva e distinguir sua empresa da concorrência
- criar um plano para realizar mudanças

Gerenciando pessoas

Este livro vai inspirar você a:
- adequar seu estilo de gestão à necessidade de seu pessoal
- motivar dando mais responsabilidade e não mais dinheiro
- ajudar os gestores e líderes de equipe de primeira viagem
- desenvolver confiança pedindo a opinião e a colaboração dos outros
- ensinar pessoas inteligentes a aprender com os próprios erros
- desenvolver equipes de alta performance
- gerenciar o seu chefe

Gerenciando a si mesmo

Você irá aprender a:
- renovar sua energia física e mental
- reduzir a dispersão e a agitação frenética
- espalhar energia positiva em sua organização
- recuperar-se de momentos difíceis
- conectar-se a seus valores profundos
- solicitar feedback honesto
- buscar o equilíbrio entre trabalho, família, comunidade e suas próprias necessidades
- delegar e desenvolver o espírito de iniciativa das pessoas

Para novos gerentes

Este livro vai inspirar você a:
- desenvolver sua inteligência emocional
- influenciar os colegas por meio da ciência da persuasão
- avaliar a equipe e elevar seu desempenho
- melhorar o relacionamento com colaboradores, chefes e pares
- fazer networking para alcançar metas profissionais e pessoais
- obter apoio dos superiores
- ver o quadro mais amplo ao tomar decisões
- ajudar a equipe a alcançar o equilíbrio entre trabalho e vida pessoal

CONHEÇA OS TÍTULOS DA HARVARD BUSINESS REVIEW

COLEÇÃO HARVARD
10 LEITURAS ESSENCIAIS:

Desafios da gestão

Gerenciando pessoas

Gerenciando a si mesmo

Para novos gerentes

Inteligência emocional

COLEÇÃO HARVARD
UM GUIA ACIMA DA MÉDIA:

Negociações eficazes

Apresentações convincentes

Como lidar com a política no trabalho

Faça o trabalho que precisa ser feito

A arte de dar feedback

Para saber mais sobre os títulos e autores da Editora Sextante,
visite o nosso site. Além de informações sobre os
próximos lançamentos, você terá acesso a conteúdos exclusivos
e poderá participar de promoções e sorteios.

sextante.com.br